Anneliese Hecht
**Bibel erfahren**

Anneliese Hecht

# Bibel erfahren

## Methoden ganzheitlicher Bibelarbeit

Verlag
Katholisches Bibelwerk
Stuttgart

Die Deutsche Bibliothek – CIP-Einheitsaufnahme

*Hecht, Anneliese*
Bibel erfahren: Methoden ganzheitlicher Bibelarbeit /
Anneliese Hecht. – Stuttgart: Verlag Katholisches Bibelwerk, 2001
ISBN 3-460-25279-0

Tuschespuren von Holde Wössner, Stuttgart (S. 21, 61, 93)
Umschlag: Finken & Bumiller, Stuttgart
Satz und Layout: Buchherstellung Dotzauer, Stuttgart
Druck: Wilhelm Röck, Weinsberg

Drei Pfade hat der Mensch in sich,
in denen sich sein Leben tätigt:
die Seele, den Leib und die Sinne.

HILDEGARD VON BINGEN

# Vorwort

In den letzten Jahren häuften sich die Anfragen von Gruppenleiter(inne)n, die Bibelarbeiten durchführen, nach methodischen Zugängen zur Bibel, die uns in sehr persönlicher Weise und sehr lebens- und erfahrungsbezogen mit Bibeltexten umgehen lassen und uns in intensiver Weise mit ihrer Botschaft in einen Dialog führen. Vor allem jüngere Menschen suchen Zugänge über konkrete Erfahrungen zu Bibeltexten, über das Tun, über die Identifizierung, über die Haltung, über die Aktualisierung.

Nicht wenige Leiter/innen von Bibelkreisen oder anderen kirchlichen Gruppen lernen in mehrjährigen Aus- oder Fortbildungen die Begleitung von Menschen im Bibliodrama. Die Begleitung erfordert eine hohe Kompetenz in der Analyse von Prozessen, die sich bei Teilnehmer/innen auftun können. Bibliodrama braucht viel Zeit, wenn verantwortlich mit den Gruppenmitgliedern umgegangen wird. Allzu oft bleiben sonst einzelne auf ihren Problemen „sitzen". Scharenweise erlebe ich in meiner Kursarbeit Menschen, die die Erfahrung gemacht haben, von Leiter(inne)n in Prozesse geführt worden zu sein, die sie mit den Betroffenen nicht mehr bearbeiten konnten.

So will dieses Büchlein dazu helfen, „klein" anzufangen, mit kleinen Formen der Erfahrung, der Übung, der Identifikation, deren Wirksamkeit noch begrenzt ist. Und doch können sie oft Menschen tief bewegen. Sie erreichen es nicht dadurch, dass die Teilnehmer/innen in Prozesse getrieben werden, sondern dass die Einzelnen in gutem Kontakt mit der eigenen Innenführung wählen können, wie weit sie sich öffnen. Und sie bieten auch bei knapper Zeit für eine Bibelarbeit einen verantworteten Umgang miteinander.

Die Kleinformen, die im folgenden dargestellt werden, sind sowohl als Teile eines größeren Ganzen in der Bibliodrama-Arbeit als auch als Einzelschritte in der erfahrungsbezogenen Bibelarbeit erprobt worden, die gleichermaßen auf Textarbeit wie Erleben Wert legt.

Eine Reihe von Methoden (wie z. B. die Arbeit mit Biblischen

Figuren oder Symbolarbeit) sind bewusst ausgespart worden, weil dazu schon praktische Anleitungen vorliegen (siehe auch die Literaturliste am Ende des Buches).

Durch meine zahlreichen Kontakte mit Kursleiter(inne)n und Teilnehmer(innen) konnte ich bei all meiner methodischen Arbeit vielfältige Anregungen erhalten, vieles aber habe ich in den Kursen selbst entwickelt und eingeübt. So manche tiefgehende Glaubenserfahrungen durfte ich dabei mit den Gruppen teilen.

Nicht versäumen möchte ich zum Schluss, Prof. Dr. Felix Porsch und Dr. Franz-Josef Ortkemper für Durchsicht und Korrektur des Manuskriptes zu danken.

Obwohl ich selbst darum weiß, dass die Methoden am besten angeeignet werden im praktischen Tun, lege ich diese kleine Arbeitshilfe zur Unterstützung und Ermutigung fürs eigene Tun vor und wünsche Ihnen Freude und Gelingen bei Ihrem Engagement.

*Anneliese Hecht*

# Inhaltsverzeichnis

## Das Wort Gottes -
## Samenkorn im Boden des Lebens

Das Ziel der Bibelarbeit ist einfach: Alle, die sich damit beschäftigen, sollen ein Gespür dafür bekommen, dass Gott durch die Bibel ein lebendiges, wichtiges Gespräch mit uns anknüpfen will, ein Gespräch, das nichts mit schwierigen Worten zu tun hat, sondern mit dem Leben, das ja schon schwierig genug ist.

Die Worte der Bibel verlieren ihren Sinn, wenn ihr vergesst, dass sie Worte eines Gespräches sind. So sehr ihr auch nach dem Sinn suchen mögt, ihr werdet ihn nicht finden.

Die Worte der Bibel sind wie ein Samenkorn: Den Sinn, den sie für uns haben, offenbaren sie nur, wenn sie in den Boden des Lebens gesät worden sind. Dort verwandelt sie das Leben, und die Blüte erscheint. An der Blüte erkennt ihr den Sinn des Samenkorns.

CARLOS MESTERS

# Einleitung

Carlos Mesters drückt in seinem Gleichnis sehr treffend aus, wie Bibelarbeit nur „glücken" bzw. besser Frucht tragen kann: Die Botschaft muss sich im Leben bewahrheiten. Wenn sie das nicht vermag, ist alles Mühen vergebens; sie wird dann keinen Bestand haben in uns. Ziel der Bibelarbeit ist es, zu erfahren „es ist wahr" oder „es geschieht auch heute noch" oder einfach nur den Glauben zu stärken. Das wird freilich nur selten innerhalb des Übens erreicht, sondern in der Regel in den Auswirkungen im Leben.

Nun dienen gerade erfahrungsbezogene Methoden wie die im Buch vorgestellten der intensiven Anschauung, Einübung und Ermöglichung von eigenen (Glaubens-) Erfahrungen. Unmittelbar hervorbringen können sie sie selbstverständlich nicht. Häufig aber geschieht im Prozess der Bibelarbeit intensive Erfahrung, die sich dann darüber hinaus im Leben vertiefen kann. Und dies weit häufiger als bei anderen Zugängen, die nur die verstandesmäßige bzw. analytische Arbeit am Text bevorzugen.

**Warum erfahrungsbezogene Methoden?**
Eine Erhebung aus der Lernpsychologie brachte zu Tage: Der Mensch behält normalerweise (höchstens)

20 % des Gehörten
30 % des Gesehenen
50 % vom Gehörten und Gesehenen
70 % vom Selbergesagten
90 % vom Selbergetanen.

Daraus folgernd lässt sich festhalten:

> Tun wirkt intensiver in uns als Denken allein.
> Wenn mehrere Sinne beteiligt sind, erfahren wir einen Inhalt oder eine Botschaft intensiver, dichter und tiefer, als wenn nur einer beteiligt ist.

Hinzu kommt:

> Bei erfahrungsbezogenen Zugängen sind rechte und linke Gehirnhälfte beansprucht. Was wir so aufnehmen, ist für uns umfassender und überzeugender in der Erkenntnis.
> Erfahrungsbezogene Methoden beziehen den ganzen Menschen ein, Verstand, Gefühl, Seele, Körper, Bewegung, Inneres und Äußeres... Sie wirken „ganzheitlich".

11

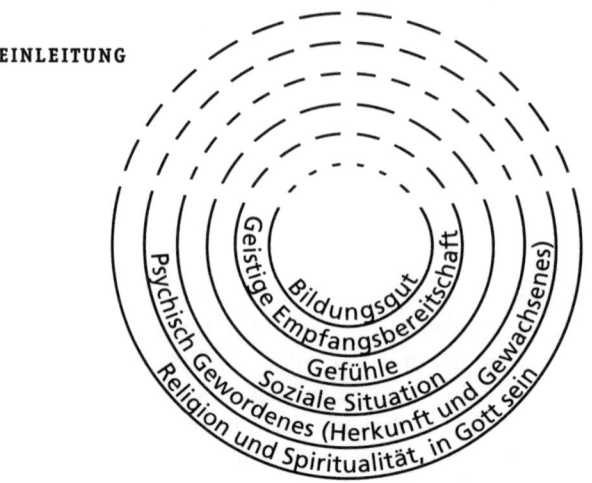

*Die Gestaltpädagogik* hat längst schon auf die Durchlässigkeit der verschiedenen Schichten des Aufnehmens von Lernstoff bzw. Inhalten hingewiesen und die Interferenz (gegenseitige Wirkung aufeinander) verschiedener Zugänge beobachtet (Grafik in Anlehnung an: Albert Höfer, Heile unsere Liebe. Ein gestaltpädagogisches Lese- und Arbeitsbuch, Don Bosco-Verlag 1997, S. 28).

Aus eigener Erfahrung ist mir bewusst, dass Erkenntnisse, die sich mir im *Bibliodrama* erschlossen, auch zu manchen Erkenntnissen in der Exegese verholfen haben, und dass ich auch manche Fragen gestellt habe, die vorher einfach nicht in meinem Blickfeld waren, obwohl sie nahe gelegen hätten. So haben erfahrungsbezogene Methoden auch eine Rückwirkung auf die Wissenschaft, auch wenn das bisher kaum oder gar nicht beachtet wird. Fragen werden ohnehin nicht nur mit dem Verstand allein gestellt. Ihre Blickrichtung und ihre Anordnung kommen nicht selten aus dem bisherigen persönlichen Tun und Frage-Horizont. Durch einseitige Zugänge (z. B. nur verstandesmäßige) können manchmal keine befriedigenden Lösungen oder fruchtbare Antworten gefunden werden.

Die Methode des Szenischen Lesens fördert z. B. oft analytische Erkenntnisse über den Text zutage, die vorher aus weniger ganzheitlichen Texterarbeitungsmethoden nicht gehoben werden konnten, weil das Tun im dreidimensionalen Raum zusätzlich Textbewegungen sichtbar macht, was Skizzieren im zweidimensionalen Raum nicht leisten kann.

### Wofür und wobei lassen sich erfahrungsbezogene Methoden einsetzen?

Die im Buch vorgestellten Zugänge zu Bibeltexten können bei verschiedenen *Formen der Bibelarbeit* zum Einsatz kommen. Sehr häufig werden sie Teil einer umfangreicheren *Bibliodrama-Arbeit* sein, bei der verschiedene erfahrungsbezogene Methoden aufeinander aufbauen und vertiefend wirken sollen.

**Was ist Bibliodrama?**

Im Bibliodrama begeben sich die Teilnehmer/innen mit Leib und Seele, Phantasie und Gemüt, Verstand und Herz in die Dramatik von biblischen Geschichten hinein. Ansatz der Arbeit sind körperorientierte Übungen, darstellende spielerische Methoden, die Identifikation mit Rollen und Situationen und das Bewusstwerden eigener Grunderfahrungen und Verhaltensmuster. So können frühere Glaubenserfahrungen heute wieder aktiviert werden, so kann ein lebendiger Dialog zwischen biblischen Erfahrungen und unseren eigenen entstehen, woraus sich oft auch neue Impulse ergeben. All dies soll den Teilnehmern helfen, für sich selber ganzheitliche Zugänge zu biblischen Texten zu entdecken.

Oft dienen ganzheitliche Methoden auch innerhalb erfahrungsbezogener Bibelarbeiten der Hinführung zu einem biblischen Thema und der Einstimmung für eine Auseinandersetzung mit (der) Botschaft(en) eines Textes oder der Vertiefung und persönlichen Aneignung von Erkenntnissen, die in einer Textarbeit gewonnen wurden. Speziell innerhalb des sog. „Drei-Phasen-Modells" (drei Schritte) eignet sich die Anwendung in der ersten und dritten Phase:

1. Auf den Text zugehen mit einer ganzheitlichen Methode;
2. Vom Text ausgehen mit Textarbeitsmethoden;
3. Mit dem Text weitergehen mit einer ganzheitlichen Methode.

(Methodenbeschreibung des Drei-Phasen-Modells in: Anneliese Hecht, Zugänge zur Bibel, Literaturliste am Ende des Buches).

Selten werden die dargestellten Zugänge auch bei der *spirituellen Begleitung* von Menschen verwendet, z. B. bei Exerzitien. Dort, wo es um eine intensive Beziehung zwischen dem Bibeltext und dem eigenen Leben geht, sind die vorliegenden Methoden sehr hilfreich und segensreich.

Manche Bibelgruppen, die eine der Methoden des *„Bibel-Teilens"* praktizieren, fügen als Variante in ihren regelmäßigen Ablauf eine der beschriebenen Methoden ein. Das entspricht der Vielfalt der Zugänge bei Menschen, das bringt Abwechslung, wo manchmal Routine droht, das vertieft oft eine Auseinandersetzung mit Inhalten, die im bloßen Gespräch oberflächlicher bliebe und auf die sich die Einzelnen weniger einlassen würden.

**Für wen eignen sich die stark erfahrungsbezogenen Methoden?**

Sehr gute Erfahrungen sind vor allem in der *Kinder- und Jugend-(Bibel-) Arbeit*, im *Religionsunterricht* und in *Frauengruppen* gemacht worden.

Kinder sind noch nicht durch einseitige Lernsysteme unserer Gesellschaft, die erfahrungsbezogene Erkenntnisse eher abwerten, „verbildet" und sind offen, mit allen Sinnen aufzunehmen. *Jugendliche und junge Menschen* möchten selbst Erfahrungen machen, nicht nur Erkenntnisse anderer aus deren Erfahrungen mitgeteilt bekommen. *Frauen*, die im Haushalt (und Beruf) auf vielseitige Weise Dinge angehen und „managen" müssen – oft durch viel Bewegung –, schätzen auch vielseitige Zugänge in der Bibelarbeit; besonders Zugänge über Bewegung. (Eine häufige Äußerung: „Da ich sonst immer in Bewegung bin, kann/will ich nicht über Stunden hier still sitzen und nur über den Kopf arbeiten.").

Selbstverständlich sind über die genannten Zielgruppen hinaus in vielen *Gruppen, die Bibelarbeit praktizieren*, erfahrungsbezogene Zugänge sehr beliebt. Besonders nach den durch die stark textorientierte historisch-kritische Exegese geprägten 60er und 70er Jahren des letzten Jahrhunderts breiteten sich ganzheitliche Zugänge weltweit mehr und mehr aus. Nach bisherigen Erfahrungen lassen sich oft Frauen in einer Gruppe leichter für erfahrungsbezogene Zugänge motivieren als *Männer*. Letztere brauchen manchmal eine behutsame Motivation für eine ganzheitliche Methode. Sie wünschen sich Transparenz der Motive für den Einsatz. (Was bringt das? Wie weit „muss" ich mitmachen? Wohin soll ich gebracht werden? Wozu wollen „die" mich eventuell sogar manipulieren?). Sehr hilfreich ist es also immer, wenn eine Gruppe für eine Methode motiviert werden soll, deren Sinn und Nutzen einsichtig zu machen und die Teilnahme auch freizustellen, besonders wenn massive Vorbehalte da sind. Es muss zunächst eine Neugier vorhanden sein („Ich möchte mal sehen ...") oder eine Bereitschaft, „einen Schritt mit der eigenen Angst" zu gehen. Wenn jemand sich locken lässt, etwas Neues zu versuchen und ein wenig Angst vor dem Unbekannten hat, ist der Weg für die meisten ganz gut gehbar. Wenn dagegen stärkere innere Widerstände da sind, sollte dieses innere Wissen, was einem selbst schadet oder gut tut, beachtet werden. Die Leitung muss diesem Rechnung tragen durch eine freigebende Atmosphäre, in der niemand negativ bewertet wird, weil er oder sie nicht mitmacht. Es gibt keine Methode für jede/n zu jeder Zeit.

Viele *Seniorengruppen* schätzen auch kleine erfahrungsgemäße Zugänge, die in eine Bibelarbeit einbezogen werden. Wenn die Methoden wechseln, können sie aufmerksamer dabei sein und ermüden nicht so rasch, außerdem versuchen sie gerne auch Neues und lassen sich dann intensiv ein. Die Leitung muss sich dafür allerdings sicher fühlen und gut und behutsam anleiten können, so dass die einzelnen mit Freude und mit sicherem Gefühl dabei sein können.

### Wie soll bei erfahrungsbezogenen Methoden Leitung wahrgenommen werden?

Erfahrungsbezogene Methoden lassen sich gut und mit positiven Auswirkungen einsetzen, wo

❭ Leiter/innen sich innerhalb der Methode sicher fühlen, sie beherrschen und zum Stoff passend finden und sich auch den Teilnehmer(inne)n gegenüber souverän erfahren;

❭ den Gruppenmitgliedern einsichtig gemacht werden kann, warum die Methode im Moment hilfreich ist (manchmal reicht ein einziger Satz zur Motivation);

❭ der eigene gelungene Zugang zum Text die gewählte Methode ist und deshalb intensiv wirkt und besonders authentisch ist und stark weitergegeben werden kann.

Da erfahrungsbezogene Methoden immer vielschichtige Erkenntnisse hervorbringen und selten nur ein bestimmtes Lernziel erarbeiten, ist in der Regel als Leiterrolle vor allem die eines *Begleiters oder Mitgehers* gefragt. Als Erfahrene eröffnen sie Wege, die sie (auf ihre Weise) kennen. Als verständnisvolle, einfühlsame oder hinschauende Begleiter helfen sie, Erfahrungen, die im Prozess der Bibelarbeit gemacht werden, zu verstehen und einzuordnen. Leitung als Dienst an der Gruppe, als Ermöglichung und Raumöffnung für Geschehen und neues Verstehen, ist gefragt.

Teilnehmer/innen können motiviert und animiert werden, ihre Gaben und ihr Wissen einzubringen. Die Grenze ist dort, wo das Innere sich dem versperren will. Sie dürfen nicht – wie es manchmal in Erlebnis-Seminaren geschieht – in Prozesse „gejagt" werden, die nur schwer bewältigt werden können. Leitung muss die jeweilige Innenführung der Gruppenmitglieder so wirksam sein lassen, dass sie die Prozesse, die sie eingehen, auch wirklich innerlich gehen möchten.

Gelegentlich wird gerade auch bei erfahrungsbezogener Bibelarbeit Korrektur durch die Leitung angebracht sein im Dienst des Gesamten der Gruppe. Zum Beispiel gilt es, Vielredner(innen) in ein Gleichgewicht mit den anderen in der Gruppe zu bringen, eine Identifizierung von eigenen Erfahrungen von Teilnehmer/innen mit der Textbotschaft zu korrigieren oder solche, die sich nicht an die Anordnung einer Methode halten, die Schritte in Erinnerung zu rufen.

Empathie – Einfühlvermögen in andere – ist gerade bei ganzheitlichen Methoden entscheidend in der Begleitung einer Gruppe. Der wichtigste Aspekt aber, der die eigene Leitung betrifft, ist, dass die einmalige Gabe, die jeder/m von uns gegeben ist, eingebracht werden kann. Jeder Mensch hat etwas, was er/sie besonders gut kann und anderen auch beibringen kann, was sie bei ihm/ihr lernen können. Das gilt auch für die Leitung. In unserer spezifischen Gabe sind wir besonders authentisch und stark in der Ausstrahlung und deshalb überzeugend. Oft kennen wir unsere besondere Fähigkeit aus den Rückmeldungen anderer und durch das eigene Gefühl von Sicherheit und Wohlbefinden.

### Was ist dienlich bei den Gruppenprozessen in der erfahrungsbezogenen Bibelarbeit?

Grundsätzlich hilfreich sind Methoden in einer solchen Anordnung, dass *Prozesse in die Tiefe* ermöglicht werden. Ein Schritt baut dann auf dem anderen auf, und insgesamt führt das gesamte Geschehen in die Tiefe, im Blick auf Erleben und Erkenntnis.

So kann *äußeres Schauen* (der Rollen, der Beziehungen, der Raumanordnung, auf Plakaten Notiertes...) in *innerem Schauen* vertieft werden. Dazu gehören zum Beispiel die innere Vorstellung oder Imagination, die Meditation und alle Arten von innerem Bilderleben.

So wird *vom Äußeren* (z. B. äußeren Eindrücken) *zum Inneren* (Herz) geführt. Die Bibelarbeit kann mit einer Körperarbeit beginnen, und anschließend werden die Erfahrungen auf das Innere übertragen, oder es wird innerlich nachgespürt, welche Gefühle oder Wirkungen sich damit verbinden.

Oft wird auch der Weg *von oben nach unten* gewählt. Mit dem Verstand werden Erkenntnisse am Text gewonnen. Im Anschluss daran werden diese methodisch vertieft durch Einbeziehung von Herz, Gefühl, „Bauch". Oder was verstandesmäßig am Text erarbeitet wurde, wird in ein Tun übergeführt: Eine Körperübung zu einem Leitmotiv des Textes folgt der Textarbeit; ein Symbol verdichtet Wesentliches im Text; eine Tat, die im Leben aus einer Bibelarbeit resultiert, ist Auswirkung einer Textarbeit.

Vertiefend auf den Lernprozess bei einer Bibelarbeit wirkt sich aus, wenn die Gruppe vom *„Darüber-Reden" zum Anreden* kommt. Über ein Thema sprechen können wir auch, wenn wir uns nicht sehr darauf einlassen. Wenn ich mich in einen direkten Dialog einlasse mit dem Thema, mit Personen des Textes und schließlich mit Gott, bin ich immer beteiligt, öffne mich mehr, bin persönlich gemeint und bringe mich persönlich ein. Dasselbe geschieht, wenn ich mich aus Sicht einer Person des Textes oder des Verfassers auf einen intensiven Dialog einlasse.

Ein Gespräch in der Gruppe ist häufig wirksamer als ein einfach frei „dahinlaufendes" Gespräch, wenn es *gut strukturiert* wird. Die Leitung stellt zum Beispiel (noch einmal) Fragen, Aussagen, Gefühle oder Positionen in den Raum, die sich vom Text oder Gruppengeschehen her ergeben. Die Fragen können auf Plakaten formuliert sein, bei denen sich die Teilnehmer/innen einfinden, die sich darin wiedererkennen. So ist ein guter und interessanter Dialog gewährleistet, der verschiedenste Aspekte berücksichtigt und immer weiterführt. Auch durch zugespitzte gegensätzliche Ausgangspositionen für die Diskussion werden gute Voraussetzungen für ein interessantes Gespräch geschaffen, und es werden wesentliche Gesichtspunkte eines Themas zur Sprache gebracht.

### Was ist zu beachten im Blick auf das äußere Umfeld einer erfahrungsbezogenen Bibelarbeit?

Für eine erfahrungsbezogene Bibelarbeit muss *genügend Zeit* sein. Sonst kann kein echter Prozess entstehen. Häufig bleibt der Eindruck, dass in zu kurzer Zeit von der Leitung zu viel gewollt wird. Man hat nur 30 Minuten oder eine Stunde zur Verfügung, aber man will dies und jenes und zusätzlich noch ... erreichen. Hektisch wird vielerlei nur angedacht, etwas angerührt und gleich wieder fallen gelassen. Bei nüchterner Überlegung würde man von selbst erkennen, dass das, was wirken soll, auch Zeit braucht, um sich auswirken zu können.

Für viele Übungen oder Methoden der erfahrungsbezogenen Bibelarbeit wird auch *ausreichend Raum* benötigt. Oft braucht ein vertiefendes Gespräch einen Stuhlkreis. Eine Identifikation mit Rollen benötigt freien Platz zum Agieren. Eine Körperübung gelingt nur bei reichlich Platz zum Vollziehen. Der Raum, der für eine einzelne Methode gebraucht wird, muss auch ohne allzu großes Umbauen und Wegräumen während der laufenden Bibelarbeit zu schaffen sein. Größere „Umbauarbeiten" unterbrechen den Prozess zu stark.

Des weiteren muss die *Atmosphäre* in der Gruppe und im Raum so sein, dass sich die Gruppenmitglieder wohl dabei fühlen. Manche Menschen stört z. B. das Neonlicht im Gemeindesaal am Abend sehr und tut in den Augen weh. Oder sie fühlen sich von anderen in der Gruppe beobachtet, die ihnen nicht wohl gesonnen sind. Zur Atmosphäre gehört auch, ob alle aufmerksam genug sein können oder ob sie müde sind (von vorangehender Arbeit, Übung, Erfahrung) und ob sie einander Achtung entgegenbringen und sich gegenseitig Schutz geben (z. B. nicht abwertend herumerzählen), wenn sie sich auf Übungen einlassen.

### Welches Ziel wird mit der erfahrungsbezogenen Bibelarbeit verfolgt?

Bei jeder Bibelarbeit ist es notwendig für die Leitenden, das Ziel/die Ziele klar zu formulieren.

Die Formulierung der eigenen Ziele der Bibelarbeit enthüllt uns, auf welcher Ebene wir etwas erreichen wollen (Erkenntnis, Erleben, Fühlen...) und was die Hauptzielrichtung der Bibelarbeit sein soll. Manche möchten,

> dass die Teilnehmer/innen ergriffen werden,
> dass ihr Glaube vertieft wird,
> dass Menschen (beeindruckende) Erfahrungen machen können,
> dass der Bibeltext in ihnen zu leben anfängt,
> dass Erkenntnisse über das Damals gewonnen werden ...

In Kursen äußern manchmal auch angehende Leiter/innen, dass sie eine Methode lernen möchten, die „immer funktioniert" und die immer „toll" ankommt und tiefer führt, aber ganz einfach anwendbar ist. Jene „Eier-legende Woll-Milch-Sau" gibt es natürlich nicht.

Manchmal liegen hohe Erwartungen im Widerspruch

> mit der knappen Zeit (z. B. 20 Minuten im Pfarrgemeinderat), in der nichts reifen und sich entfalten kann;
> mit dem mangelnden Bezug zum Leben der Gruppenmitglieder;
> mit der geringen Kompetenz und Erfahrung in der Leitung von Gruppen;
> mit mangelnden eigenen spirituellen Erfahrungen, die bei der Begleitung hilfreich wären;
> mit dem geringen Glauben an die verwandelnde Kraft der Botschaft („wir könnten", „wir müssten", „ein bisschen verändern", „ein Stückchen erleben", „vielleicht", „eigentlich") und in Gottes Geist, in dessen Dienst der/die Verkündende steht (Es entlastet zu wissen: Es ist nicht meine Botschaft, die ich ausrichte, sondern Gottes Wort.);
> mit dem geringen Vertrauen in das eigene Können („ich weiß nicht", „ich kann nicht", „ich verstehe nichts davon", „da muss man die Experten fragen");
> mit dem geringen Vertrauen in das Können anderer (Die Gruppe kann immer vieles beitragen und ergänzen. Niemand muss alles selber machen).

Die inneren Einwände und Widerstände behindern sehr stark die eigenen Möglichkeiten.

Zu bedenken ist auch Folgendes: In der Bibel beruft Gott immer wieder Menschen in seinen Dienst, die wissen, sie können die geforderte Aufgabe nicht aus sich selbst erfüllen. Sie wissen um ihre Mängel und werden gerade deshalb berufen, weil sie sich so auf Gott verlassen müssen und so seine Botschaft ausrichten. Wenn sie immer durch ihre überragenden Leistungen ankommen, würde ihnen oft der Stolz auf die eigene Leistung den Zugang zu Gottes Botschaft verbauen.

*Mose* konnte nach eigenem Empfinden nicht reden und wurde erwählt, sein Volk anzuführen und Gottes Lebensgesetz – die Tora – zu verkünden (Ex 4); *Jeremia* fühlt sich zu jung (Jer 1), um zu sagen, was „Sache ist" und wohin der „Karren in seiner Zeit läuft"; *Paulus* erfährt sich wegen seiner Krankheit als armselig und verabscheut, wenn er persönlich zu den Menschen kommt; nur seine Briefe finden sie toll. Aber so – sagt er – kommt die Botschaft vom Kreuz nicht um ihre Kraft (2 Kor 9,10; 11,6; 12,7-10).

Manchmal werden von Leiter(inne)n Ziele genannt, die nicht geklärt sind oder die nicht am Dienst für die Teilnehmer/innen orientiert sind, z. B.

> Es soll auf jeden Fall etwas *Neues* sein. Das reicht als Motiv nicht für den Einsatz der Methode. Meist passt sie nicht zu dem, was erarbeitet

werden soll. Man muss sich kritisch fragen, was man damit will: Sollen die anderen staunen, was man selbst alles kann? Soll es einfach interessant oder abwechslungsreich sein? Will man etwas eben Erlerntes „unter die Leute bringen" und benutzt sie als „Versuchskaninchen"? Welche Motive stehen dahinter?

❯ Manche finden es interessant, andere in Prozesse zu führen und zu beobachten, wie sie reagieren. Dieses „Spielen mit Menschen" nimmt jene nicht ernst, benutzt sie schließlich für die eigene Neugier auf bestimmte Erfahrungen, treibt Menschen häufig in Erfahrungen, die sie nicht bewältigen oder einordnen können, hinterlässt oft das Gefühl, benutzt worden zu sein. Sehr oft merken Teilnehmer/innen dabei nur, dass ihnen etwas quer liegt, ohne es benennen zu können. Sie spüren aber, ob eine Leitung mit ihnen sucht nach für sie hilfreichen Schritten oder ob sie ihr gleichgültig sind.

❯ Schließlich neigen auch Leiter/innen in unserer Zeit, in der sich viele zu viel aufladen oder zumuten, auch dazu, eine überbordende Vielfalt von Methoden nacheinander anzubieten, die in den Teilnehmer(inne)n meist das Gefühl von Verwirrung oder „zuviel" hinterlässt. Sie wissen nicht, worauf sie sich konzentrieren sollen. Weniger ist hier mehr.

### Zur Eingrenzung der Methoden und zu ihrer Darstellung

Im vorliegenden Buch werden keine Methoden des *Rollenspiels* vorgestellt, ebenso keine Methoden, die mit großer Wahrscheinlichkeit intensive Prozesse in Gang setzen und die eine kompetente und zeitaufwendige Begleitung brauchen. Ungeübteren Leiter(inne)n sei empfohlen, zunächst vor allem Methoden zu wählen, die sehr wenig von sich aus in Prozesse führen und bei denen die Teilnehmer/innen sehr gut wählen können, wie weit sie sich selbst einlassen möchten.

Dennoch: Auch die vorgestellten Methoden sind als erfahrungsbezogene oft intensiv für das Erleben und die Erkenntnis und brauchen Sicherheit in der Begleitung von Menschen. Jede Bibelarbeit – auch die rein textbezogene – will Menschen zu etwas bewegen. Wenn wir durch erfahrungsbezogene Bibelarbeit oft mehr bewegt werden, so ist das zum einen gewollt, aber andererseits auch nicht so, dass wir mit dem, was ausgelöst wird, schlecht zurecht kommen.

Deshalb werden die vorgestellten Methoden im Folgenden immer von vier verschiedenen Seiten beleuchtet:

❯ Beschreibung der Methode
❯ Wozu dient die Methode?
❯ Mögliche Gefahren und Grenzen der Methode
❯ Praxisbeispiele

# I. ZUGÄNGE DURCH IDENTIFIKATION

# 1 Rollen-Satz

### Einen Satz aus der Perspektive einer biblischen Person äußern

**Beschreibung der Methode**

Im Verlauf einer Bibelarbeit und sehr oft an ihrem Ende formulieren die Teilnehmer/innen je für sich einen Satz aus der Perspektive einer der im Text vorkommenden biblischen Personen oder aus Sicht des Verfassers. Sie sprechen dabei nicht im Rollen-Ich, zum Beispiel: Ich als Petrus denke ..., sondern sie bewahren noch etwas Distanz, indem sie formulieren:

> *Meine Maria von Magdala* sagt: ...

> *Mein David* denkt sich: ...

> *Meine Sara* spürt: ...

> *Mein Abraham* fragt sich: ...

Hilfreich ist es für Teilnehmer/innen, wenn die Leitung Satzanfänge wie oben anbietet, die das Finden des für sie stimmigen Satzes erleichtern. Wenn der Satz angefangen ist, fällt den Gruppenmitgliedern oft wesentlich leichter eine Form der Fortsetzung ein. Wenn dazu noch mit Zetteln oder Biblischen Figuren im Raum gekennzeichnet wird, wo sich diejenigen sammeln, die aus der Sicht einer bestimmten biblischen Figur etwas sagen wollen, wird das Sich-Einlassen noch einmal erleichtert. Die Teilnehmer/innen stellen sich zu der biblischen Person und stehen zugleich mit anderen zusammen, fühlen sich also auch unterstützt von anderen. Wer sich zunächst keiner der angegebenen biblischen Figuren nähern kann, findet oft seinen/ihren Standpunkt durch ein Abgehen der Orte für die verschiedenen biblischen Personen. Im Gehen merken sie, wo es sie hinzieht, wo ihre Botschaft verborgen ist.

In der Regel wird erst eine kurze Stille von 2–3 Minuten nötig sein, um den Satz zu finden. Dann können ihn die, die wollen, laut sagen. Bei knapper Zeit gibt die Leitung an, wieviele sich äußern können (z. B. 4–5 Personen).

**Wozu dient die Methode?**

Der einfache Rollensatz während und vor allem am Ende einer Bibelarbeit ermöglicht es den Teilnehmer(innen)n, in eigenen Worten *für sich zu formulieren* und *zu bündeln*, was sie am Text bewegt oder was seine Botschaft ist.

Der persönliche Satz, der sich an die Situation oder Befindlichkeit einer biblische Person anschließt, fördert das persönliche *Hineingehen* in den biblischen Text. Dort wo jede/r sich angesprochen fühlt und sich einlassen kann auf den Text, kann er das mit Hilfe und aus der Perspektive der biblischen Rolle ausdrücken.

Ein Rollen-Satz nach einer Textarbeit vertieft durch die persönliche Perspektive den Zugang zum Text. Die Formulierung *„Mein/e ...* sagt" lässt die Gruppenmitglieder sich bewusst sein, dass der Rollensatz nur ihre eigenen Erkenntnisse, Fragen, Gefühle und Auseinandersetzungen mit Textinhalten wiedergibt und dass für andere anderes Bedeutung gewinnt. Die *Subjektivität der Äußerung* zeigt sich deutlich. Indem die Teilnehmer/innen nicht ins direkte Rollen-Ich gehen, bewahren sie noch etwas Distanz zu den Figuren des Textes. Das bewirkt zum einen, dass es vielen leichter fällt, sich zu äußern, weil sie sich nicht so intensiv hineinnehmen lassen müssen, zum anderen wird durch die Formulierung sehr deutlich, dass es sich hier nicht um eine Botschaft des Textes handelt, die aus dem Text objektiv herauszulesen wäre, sondern um eine persönliche Reaktion, eine persönliche Antwort im Dialog mit dem Text.

Außerdem wird durch einen solchen Satz am Ende einer Bibelarbeit deutlich, dass biblische Texte in der Regel *Botschaft verkünden* wollen, dass sie uns ansprechen und bewegen wollen.

Wenn die Leitung darauf achtet, dass es bei den Teilnehmer(inne)n wirklich nur bei einem Satz bleibt, dann können sich viele äußern und die Botschaft sagen, die sie erreichte. So kommt die Vielfalt zum Ausdruck. Schließlich bietet die Methode noch den Vorteil, dass sie nicht sehr zeitaufwendig ist. Bei knapper Zeit können auch die Äußerungen in der Zahl beschränkt werden.

**Mögliche Gefahren und Grenzen der Methode**
Seitens der Leitung ist unbedingt darauf zu achten, dass die Äußerungen der Gruppenmitglieder freiwillig sind, dass zwar die Chance gegeben wird, sich zu äußern, aber wohlwollend auch akzeptiert wird, dass jemand nichts sagt, weil er/sie nichts sagen kann oder will. Häufig allerdings geschieht es, dass sich Teilnehmer/innen von anderen Äußerungen animieren lassen, auch ihren Satz zu sagen. Teilnehmer/innen sollen in keinem Fall zu etwas gedrängt werden. Erfahrungsgemäß lassen sich die Gruppenmitglieder gut für diesen Zugang motivieren. Ist aber die Leitung selbst unsicher, ob sie diese Form anleiten und begleiten kann, dann fühlen sich Teilnehmer/innen auch unsicher und sagen wenig oder nichts.

**Praxisbeispiel**
MARIA UND MARTA, LK 10,38-42
In einer Textarbeit werden die Aspekte der biblischen Erzählung herausgearbeitet. Zum Abschluss der Bibelarbeit regt die Leitung die Teilnehmer/innen dazu an, je für sich selbst noch einmal die wichtigste Botschaft in einem Satz zu bündeln, der von einer der biblischen Personen „gesprochen" wird. Alternativ kann der Leiter oder die Leiterin statt dessen nach der „objektiven" Textarbeit auch anregen zu einer *Fortsetzung* der Bibelarbeit durch „subjektive" Rollen-Sätze.

Dann werden die Teilnehmer/innen nicht nur einen abschließenden Satz sagen, sondern einmal einen Gedanken, ein zweites Mal eine Frage, ein drittes Mal ein Gefühl zu äußern, je nachdem, wozu sie auch die Äußerungen der anderen animieren.

❭ *Meine Marta* denkt sich: Ja, das Vielerlei hatte mich wirklich so sehr beschäftigt, dass ich nicht mehr wählen konnte, was jetzt dran ist. Ich wähle jetzt das Eine, das im Moment Wichtigste: Jesus zu hören.

❭ *Meine Marta* fragt sich: Wie bin ich nur in diese Haltung hineingekommen, dass ich Jesus benutzen will, um meine Schwester zu bewegen?

❭ *Meine Marta* spürt: Ich fühle mich immer noch unter Druck von dem vielen, das zu tun ist, aber ich weiß jetzt, dass ich deshalb „sauer" war, weil ich auch lieber bei Jesus sitzen will, solange er da ist. Ich frage, ob wir zusammen helfen können, dass ich auch frei bin zum Zuhören.

❭ *Meine Marta* möchte vielerlei: die beste Gastgeberin sein, bei Jesus sein... Sie wünscht sich, dass sie bei einem bleiben kann: entweder auch bei Jesus zu sitzen (und dann zu akzeptieren, dass sie eine schlechte Gastgeberin ist) oder Jesus zu bewirten, dies dann aber auch mit ganzem (nicht geteiltem) Herzen zu tun als ihre Gabe an ihn.

❭ *Meine Marta* fragt: Wie kann ich das nur lernen, das Eine, was jetzt nur dran ist, vom Vielerlei zu unterscheiden, das sich so wichtig macht und scheinbar unbedingt getan werden muss?

❭ *Meine Maria* denkt sich: Ich will in der kurzen Zeit, die Jesus da ist, so viel wie ich nur kann, bei ihm sein und seine Botschaft hören.

❭ *Meine Maria* fühlt: Es tut so wohl, in seiner heilenden und frohmachenden Atmosphäre zu sein. Da atme ich auf.

❭ *Meine Maria* fragt sich: Lasse ich mich auch in die Entscheidung rufen? Was fasziniert mich an ihm? Mir macht aber auch zu schaffen: ...

❭ *Meine Maria* denkt sich: Ich verstehe so gut, dass meine Schwester sauer wird, weil ich ihr nicht helfe, aber dies hier ist mir so viel wichtiger. Ich lasse es mir auf keinen Fall nehmen.

❭ *Mein Jesus* denkt sich: Hoffentlich hat Marta verstanden, was ich ihr sagen wollte. Ich schätze ihre Gastfreundschaft, aber es gibt einfach Wichtigeres: Gottes Frohbotschaft jetzt zu verkünden ist das Eine, das Wichtigste, das jetzt zuerst zu tun ist. Man muss immer wählen.

❭ *Mein Jesus* denkt sich: Das Vielerlei zerreißt so viele Menschen, hat sie im Griff und lässt sie weder bei sich noch bei den anderen sein noch merken, was jetzt dran ist. Wie schwer ist es, jeweils das Eine zu wählen, bei dem ich mit ganzem Herzen sein kann und das jetzt dem Leben dient. Ich wünsche es Marta, das zu lernen.

❯ *Mein Jesus* fühlt: Ich mag beide Schwestern gern. Ich spüre, wie das Vielerlei Marta schadet. Ich glaube, sie hat heute etwas von dem verstanden, was ihr hilft, besser zu leben, das Eine zu wählen, das jetzt Priorität hat.

❯ *Mein Jesus* fragt sich: Was hat Maria, was Marta von meiner Botschaft verstanden? Wie kann ich sie erreichen?

# 2 | Rollen-Ich
In der Ich-Form „Gedanken", „Gefühle" und „Haltungen"
von biblischen Personen benennen

### Beschreibung der Methode

Die Gruppenmitglieder versetzen sich in die Rolle einer biblischen Person hinein und sprechen aus deren Sicht, wie wenn sie selbst jetzt diese Person wären oder sie durch sie spräche. Die Teilnehmer/innen identifizieren sich mit der biblischen Figur, ihren Meinungen, Gefühlen, Haltungen. So versuchen sie gleichsam von innen her im Geschehen gegenwärtig zu sein, aus der Perspektive und Haltung der biblischen Person. Dabei sind sie sich bewusst, dass das, was sie als Gedanken und Gefühle äußern, nur bedingt dem entspricht, was die biblischen Figuren denken oder fühlen, dass das vielmehr sehr stark ihre eigenen, heutigen Erfahrungen, Beurteilungen und Reaktionen widerspiegelt und beinhaltet.

In der Ich-Form aus einer Rolle sprechen kann ein/e einzelne/r aus der Gruppe oder auch die Leitung. Oder es kann eine kleine Gruppe oder die Gesamtgruppe in der Ich-Form als eine biblische Person sprechen. Je nach Ziel der Bibelarbeit kann alternativ entweder nur eine einzige biblische Person gewählt werden, und verschiedene Gruppenmitglieder sprechen dann im Rollen-Ich (Ich, Jakob, ich frage mich..., habe Angst vor..., denke mir jetzt...), oder es werden mehrere biblische Personen nacheinander gehört (Ich, Jakob... Ich, Esau... Ich, Rebekka... Ich Isaak..., (Gen 27)), und von verschiedenen Teilnehmer/innen in den Raum gestellt. Hilfreich ist es, nicht nur im Geiste, vom Platz in der Runde sitzend, ins Rollen-Ich zu gehen, sondern sich auch im Raum in die Rolle zu stellen oder sie durch Gestik zu unterstützen.

Ganz wichtig ist, wenn Teilnehmer/innen dazu angeregt werden, ins Rollen-Ich zu gehen, dass sie aus ihrer Rolle auch wieder heraustreten, z. B. indem sie sie abschütteln oder im Geist ablegen. So sind sie sich bewusst, dass die Äußerungen nur zum Teil sie selber waren, ein guter Teil gehörte zur biblischen Figur und deren Charakterisierung. So sehen sie die Dinge wieder aus dem Abstand ihres eigenen Ichs. Die Leitung hilft durch eine Aufforderung zum Ablegen der Rolle am Ende der Äußerungen im Rollen-Ich.

### Wozu dient die Methode?

Im Rollen-Ich sprechen Teilnehmer/innen im Bibliodrama, im Rollenspiel oder bei Bibelarbeiten mit erfahrungsbezogenen Zugängen zur Bibel. Oft wird die Methode in einer vertiefenden persönlichen Phase der Bibelarbeit nach einer Textarbeit eingesetzt. Manchmal wird ein Rollen-Ich auch von Leiter(inne)n als motivierender Auftakt zu einer Bibelarbeit oder bei einer Ansprache in einem Gottesdienst gewählt.

Durch eigene Identifikation oder durch Zuhören bei einem Rollengespräch gelingt es sehr gut, sich persönlich auf das Textgeschehen einzulassen. Oft beginnen Geschichten dann so lebendig zu werden, dass sie in enge Beziehung zu eigenen Lebens- und Glaubenserfahrungen kommen. Sie ermöglichen, dass man auf einmal fühlt: Jetzt geschieht es auch unter uns! Oder bei Ereignissen im eigenen Leben erinnert man sich an das im Rollen-Ich Erspürte und kann Denkweisen und Verhaltensmuster erkennen und so die Lebensrelevanz der biblischen Geschichte wahrnehmen.

Selbstverständlich wird im Rollen-Ich die damalige Geschichte aktualisiert auf das Heute hin. Deshalb wird sie auch nicht erfahren wie damals, sondern vom heutigen Menschen mit seinen jetzigen Zugängen. Und die Sätze, in der Identifikation mit einer biblischen Person gesprochen, enthalten natürlich auch viel an eigenen Projektionen. Durch das Äußern allerdings erhalten sie eine Form, in der diese anschaubar und bewusst werden. Oft erschließen sich durch die Worte im Rollen-Ich innere Zusammenhänge im Textgeschehen. Wir verstehen also nicht nur über unsere eigenen Reaktionen etwas, sondern auch über Beziehungen im Text.

Wenn eine Gruppe sich gemeinsam in Ich-Aussagen einer biblischen Person nähert, findet oft eine gegenseitige Unterstützung statt. Alle mühen sich, sich in eine biblische Person zu versetzen. Einige werden sich äußern, andere wagen oder wollen es nicht. Keine/r muss etwas sagen, aber jede/r kann. Häufig werden Menschen, die sich mit Äußerungen schwer tun, durch Sätze anderer animiert, auch ihren Beitrag laut zu sagen (Sie denken dann: „Das, was der/die weiß, weiß ich auch.").

## Mögliche Grenzen und Gefahren der Methode

Wenn Teilnehmer/innen ermuntert oder angeleitet werden, im Rollen-Ich biblischen Personen Sprache zu verleihen, so muss eine Leitung wissen, was das Hineingehen in die Rolle an intensiven Prozessen und Erinnerungen auslösen kann. Die Leitung muss fähig sein, die Teilnehmer/innen bei aufbrechenden Erfahrungen Begleitung zu geben. Sehr viele Leiter/innen überschätzen sich hierin. Und nicht wenige Teilnehmer/innen haben das Gefühl, dass mit ihren Gefühlen „gespielt" wurde, dass sie provoziert wurden, und dann werden die entsprechend Angeregten damit allein gelassen. Die intensiven Formen des Rollen-Ichs brauchen eine gute Kompetenz zur intensiven Begleitung von Menschen.

Eine Gefahr zeigt sich in der Praxis auch immer wieder: Inhalte und Haltungen, die im Rollen-Ich gesprochen werden, werden für die Textbotschaft gehalten. Aber der Text bleibt immer auch ein Fremder, ein Gegenüber, ein dort nicht deutbarer, wo er sich nicht selbst dazu äußert. Diese Achtung ist notwendig, damit die Botschaft immer wieder in je neuer Weise gesucht und gefunden werden kann. Man besitzt sie nicht ein für allemal.

Manchen Gruppenmitgliedern fällt auch die Identifikation sehr schwer, sei es aus Achtung vor dem heiligen Text und den heiligen biblischen Personen, sei es, weil man mitunter nur an einem „objektiven" Zugang interessiert ist (also durch Textanalyse) oder weil die Phantasie fehlt, sich in eine Rolle hineinzuversetzen. Deshalb ist es unbedingt notwendig, dass die Übung und die Äußerungen freiwillig sind.

### Praxisbeispiel
DER GESTOHLENE SEGEN, GEN 27

REBEKKA: Ich sehe all die Jahre meine Söhne heranwachsen. Ich will dazu beitragen, dass der nach meiner Ansicht Fähigere seine Chance bekommt. Das ist der Jüngere bei uns. Dafür tue ich alles. Man muss den rechten Zeitpunkt ergreifen, wo es sich entscheidet. Man muss das Seine dazu tun, dass im Leben etwas vorangeht. Ich tue das Meine dazu, und ich nehme auch auf mich, wenn es etwas kostet. Umsonst gibt es nichts...

ISAAK: Ich will meinen Segen weitergeben vor meinem Tod, wie es sich gehört, an den Ältesten. Das war immer schon so. Das ist auch gut so. So gibt es klare Rechtsverhältnisse. Außerdem liebe ich es, wie er jagt und wie er mir gehorcht. Ein guter Junge. Der soll mir doch noch einmal so etwas Leckeres zum Essen machen, bevor ich ihm den Segen gebe. Etwas Gutes darf er mir als Clan-Chef schon noch geben, wo er doch auch einiges erhält. Durch meine Blindheit bin ich leider so unsicher, was gerade so läuft in meiner Familie. Ich weiß nicht, ob alles noch stimmt...

ESAU: Ich tue, was der Vater will. Ich weiß, was sich gehört. Ich bin der Erbe. Da gibt es natürlich eine besondere Beziehung zwischen meinem Vater als Clan-Chef und mir. Den Gefallen, den er noch will, den tue ich ihm doch gerne, wenn ich dafür dann den Segen bekomme...

JAKOB: Die Mutter sagt, dass der Vater dem Esau alles zukommen lassen will und dass ich schauen muss, wie ich auch an was komme. Und dass ich es mir nehmen solle, sie helfe mir schon dabei. Sie wisse schon, wann es so weit sei. Ich weiß nicht, mir ist das nicht geheuer. Das darf man doch nicht. Ich habe Angst. Ich will die negativen Folgen nicht tragen. Aber sie sagt, ich soll mir keine Sorgen machen, das nehme sie schon auf sich, ich soll schauen, dass ich mir das mir Zustehende nehme. Na ja, es stimmt ja, mein Bruder ist nicht so geeignet, er ist ein bisschen ein Tölpel. Ich probier's, die Mutter weiß es doch immer am besten, und sie sagt, jetzt muss ich handeln. Also vertrau ich und tu's...

# 3 | Innerer Dialog – Selbstgespräch
### Die Innenwelt einer biblischen Person zur Sprache bringen

**Beschreibung der Methode**

Wenn es um Entscheidungen geht, wenn ein Ereignis Probleme macht, wenn Menschen über ein Geschehen nachdenken, führen sie oft innere Dialoge oder Selbstgespräche, um Dinge für sich zu sortieren, zu bewerten, zu klären. Auch in biblischen Texten finden wir da und dort solche Beispiele, z. B. in den Psalmen und in den Klageliedern („Confessiones") des Jeremia. Sehr bekannt ist der innere Dialog des sog. Verlorenen Sohnes vor seiner Rückkehr in Lk 15,17-19: *„Da ging er in sich und sagte: Wie viele Tagelöhner meines Vaters haben mehr als genug zu essen, und ich komme hier vor Hunger um. Ich will aufbrechen und zu meinem Vater gehen und zu ihm sagen: Vater, ich habe mich gegen den Himmel und gegen dich versündigt. Ich bin nicht mehr wert, dein Sohn zu sein; mach mich zu einem deiner Tagelöhner."*

In dieser Art können wir uns auch bei vielen anderen biblischen Erzählungen unsere Selbstgespräche vorstellen. Wir denken uns aus, wie jemand ein Geschehen, eine Entscheidung abwägt, kommentiert... Manchmal ist es hilfreich, wenn „einerseits"und „andererseits" im gleichen Satz von einem Sprecher oder einer Sprecherin gegeneinander gehalten werden. Es könnte aber auch beides von zwei Gruppen, die sich gegenübersitzen, in den Raum gestellt werden.

Wichtig ist es für den Leiter und die Leiterin, bei der Einladung zum inneren Dialog die vorgestellte Situation vorzugeben: Wir nehmen jetzt an, der jüngere Sohn im Gleichnis (Lk 15) überlegt sich, ob er zu seinem Vater nach Hause kann und soll oder nicht. Oder: Der ältere Sohn überlegt nach der Einladung des Vaters für sich, ob er hineingehen soll...

Für das „Selbstgespräch" empfiehlt es sich, eine spannungsreiche Situation des Textes vor einer Entscheidung zu nehmen oder die Situation *nach* dem biblischen Geschehen (z. B. bei offenem Schluss einer Geschichte oder wo jemand sehr betroffen ist). Nicht vergessen darf die Leitung, die Teilnehmer/Innen wieder aus der Rolle bewusst heraustreten zu lassen. Anschließend sollte unbedingt eine Reflexion erfolgen, was über die biblische Person und die Aussage des Bibeltextes neu erfahren wurde, und was die eigenen Themen der Teilnehmer/innen sind.

Von der Länge her können es (2-3) kurze Sätze oder eine längere Rede (bis zu 20 Minuten) sein.

## Wozu dient die Methode?

Die Methode finden wir innerhalb der Bibliodrama-Arbeit zur tieferen Erhebung der biblischen Personen, zum Erkennen von Gründen für Verhaltensweisen, zum Ausdrücken von Deutungen, denen wir verhaftet sind...

Wir finden diesen Zugang auch in der erfahrungsbezogenen Bibelarbeit zur persönlichen Vertiefung nach einer Textarbeit oder sogar als Einstieg vor einer Textarbeit, wenn eine biblische Figur sehr stark durch die Auslegungsgeschichte mit bestimmten Deutungen überfrachtet ist und in der Bibelarbeit im Anschluss eine Korrektur erfolgen soll (z. B. Maria von Magdala, die Mutter Jesu, Judas...) Dann sind die nicht vom Text her begründeten Projektionen, die in uns leben von früheren Auslegungen, auf dem Tisch.

Das fiktive (in der Vorstellung angenommene) Selbstgespräch kann gut dazu beitragen, mehr von den inneren Prozessen eines Geschehens zu verstehen:

Was denkt jemand? Wie kommt er zu diesem Verhalten? Was bewegt ihn? Was will sie und was hindert sie, es zu tun? Und schließlich ganz entscheidend: Was steckt dahinter? Durch die Methode versuchen wir auch, aufwühlende, bewegende Geschehnisse zu verstehen und von innen her, also tiefer zu verstehen.

Ein Dialog, der innere Vorgänge wiedergibt, zeigt etwas von unserem hintergründigen Verstehen, von inneren Zusammenhängen, die wir erkennen, ob sie in der Bibel expliziert da sind oder nicht.

Gar nicht so selten erkennen wir in solchen geäußerten Gedanken auch unsere eigenen gelernten, oft einseitigen Interpretationen von biblischen Personen und ihrem Handeln, die reine Spekulation sind. z. B. führt bei vielen Frauen die Samariterin im Selbstgespräch ihren Gang am Mittag zum Brunnen darauf zurück, dass sie aufgrund ihres sündigen Verhaltens nicht am Abend mit den anderen Frauen gehen kann. Davon weiß der Text nun wahrlich nichts, aber es steht als Spekulation von phantasiereichen Theologen in manchen Kommentaren, also denkt und ist die Samariterin bei den Teilnehmer(inne)n auch so. Oder wenn in Drewermanns Markuskommentar steht, aufgrund welcher angenommen Beziehungskonstellationen ein Besessener von Gerasa in Gräbern haust, dann sprechen Gruppenmitglieder, die solche Auslegungen kennen, auch so im „Selbstdialog" ihres biblischen Besessenen von Gerasa nach seiner Heilung.

Der innere Dialog als biblische Person bringt also sehr gut unsere eigenen (und angelernten) Deutungen des Geschehens zu Tage.

Nicht selten aber wird uns auch ein Handeln plausibel und transparent. Und immer gehen wir als ganze Menschen in den Dialog mit den biblischen Texten und lassen uns auf sie ein. Häufig werden so auch eigene Denk- und Deutemuster sehr bewusst. Und wir fühlen uns biblischen Personen und ihrem

Handeln nahe. Schließlich ist noch positiv zu bewerten, dass jedes Gespräch, also auch das Selbstgespräch, eine Dynamik und Bewegung beinhaltet durch das Abwägen verschiedener Gedanken und somit von seiner Form her schon die Möglichkeit mitbringt, auch beim Übenden Dinge in Bewegung zu bringen.

### Mögliche Gefahren und Grenzen der Methode

Wenn eine Gruppe gut für den inneren Dialog einer biblischen Person motiviert wurde, entstehen in der Regel sehr tiefe Gespräche, Überlegungen, Einsichten und Gefühle. Das braucht eine Leitung, die mit der Gruppe sowohl gut auswerten kann, was da zum Ausdruck kam (vom Text und der Gruppe her) als auch Menschen gut begleiten kann, wenn Teilnehmer/innen Betroffenheit verspüren aus der Nähe zu eigenen Lebenserfahrungen. Oft überschätzen sich Leiter/innen dahingehend. Für diesen Zugang muss genügend Zeit eingeplant werden. Die bloße Erfahrung allein bringt nicht viel weiter, wenn keine Hilfe dabei geleistet wird, das Geäußerte auszuwerten, einzuordnen und zum hilfreichen Impuls werden zu lassen.

Die Methode bekommt dort nicht gut, wo z. B. ein Bibelkreis ohnehin schon sehr viel in Texte hineinpsychologisiert und -philosophiert und wo dann Teilnehmer/innen am Schluss sehr genau wissen: So und nicht anders ist der Text zu verstehen! Für sie würde sich als Korrektiv eine formale Textarbeit eher eignen. In manchen Gruppen – häufig Frauenkreisen – wird diese Methode gern von wortgewandten Leiter(inne)n für Bibelmeditationen (in Gottesdiensten, Andachten, Besinnungen) genommen, und alle sind sehr begeistert und denken: So und nicht anders denkt die Maria von Magdala! Es soll hier beileibe nichts gegen die oft guten Formulierungen gesagt werden, aber manchmal werden dann Dinge „ausgetappt", über die der Text schweigt, und so wird die Botschaft nicht selten in eine andere Richtung gelenkt und andere Möglichkeiten der Deutung, die im Teilnehmergespräch erhoben werden könnten, werden nicht mehr geäußert. („Die kann das immer so toll ausdrücken. Da hat man das Gefühl, als wäre man dabei. Ich kann das nicht so...").

Für mich gilt die Regel: So nah am Text wie möglich. Möglichst wenig frei hineinspekulieren. Das, was da ist, in den Ausdruck nehmen und damit arbeiten. Oder es muss deutlich sein: So viel sagt der Text, und das, was jetzt kommt, ist unsere eigene Realität: „Heute würde „der Vater" so sagen: ...".

### Praxisbeispiele

#### AUSGANGSSITUATION GEN 17,17

Abraham hat vor Gott zum wiederholten (dritten?) Mal die Verheißung eines leiblichen Sohnes aus Sara bekommen und lacht ungläubig. Der Text gibt uns die Richtung seiner Gedanken an: „Können denn einem Hundertjährigen noch Kinder geboren werden?" Im Anschluss daran erfolgt der „innere Dialog" Abrahams: „Immer wieder kommt diese Verheißung. Und nie hat sich bisher auch nur irgend etwas getan. Was soll ich tun? Einerseits will ich Gottes Wort trauen, er hat mich im Leben bisher so gut geleitet, auch durch alle Bedrohung und mich immer wieder aufgerichtet, wenn ich keine Zukunft mehr sah. Aber andererseits: Bilde ich mir das nicht einfach ein mit dieser Verheißung? Ich dachte, als Sara und ich auf die Lösung mit Hagar kamen und mir ein Sohn aus ihr geboren wurde, den wir adoptiert haben, jetzt hört das auf. Jetzt hat sich ja was für die Zukunft getan, wenn auch nicht genauso, wie ich es erwartet habe und wie es die Verheißung erhoffen ließ. Aber Verheißungen treffen selten genauso ein. Und woher soll ich wissen, wie lange ich warten soll auf die Erfüllung, ob ich was dazu tun muss oder nicht, ob ich gar das Unmögliche glauben soll? Biologisch ist es nicht mehr möglich. Also, was soll so eine Idee, so ein Stachel im Fleisch? Es lässt mich nicht zufrieden sein mit dem Bisherigen, macht mich unsicher. Ich habe nichts in der Hand, nichts spricht dafür, und da soll ich einfach Ja und Amen sagen? Und all die Jahre der nichterfüllten Verheißung – warum? Vielleicht habe ich nicht recht verstanden? Aber warum lässt es, warum lässt Er mir keine Ruhe?"

Ein ganz anderes (oder sogar ähnliches?) Selbstgespräch könnte übrigens auch Sara führen in Gen 18,12, als sie ungläubig im Zelt lacht auf Gottes Verheißung hin. Es ist auch reizvoll, beide Selbstgespräche in einer Abraham – und einer Sara-Gruppe gegenüber zu stellen. (In der Bibel tadelt übrigens Gott Abrahams ungläubiges Lachen nicht, Sara dagegen wird zur Rede gestellt und verleugnet es. Biblische Geschichte aus Männersicht erzählt?)

Für die anschließende *Reflexion des Selbstgesprächs* in der Gruppe könnten als Einstiegsfragen dienen:
Welches Grundgefühl „Abrahams" kam zum Ausdruck? Welche verschiedenen Aspekte nehmen Sie wahr?
Analysiert wird die Unsicherheit, die sich in mehrfacher Beziehung äußert: Ist es Wirklichkeit oder Einbildung?
Woran kann ich mich orientieren, um zu wissen, wie ich es verstehen soll? Wie soll ich mich jetzt verhalten?

### EINIGE ANDERE VORSCHLÄGE
❯ Gen 22,6-8: Abraham und Isaak gehen auf den Berg Morija (zu „Isaaks Opferung", wobei der Vater dem Sohn nichts eröffnet hat von dem, was er tun soll) und führen auf dem Weg beide so für sich Selbstgespräche. Die Teilnehmer/innen können in zwei Gruppen die Gedanken und Gefühle Abrahams und Isaaks zur Sprache bringen.
❯ Gen 28,10: Jakob ist weg von zu Hause und denkt über das Geschehen des gestohlenen Segens nach: Einerseits ... andererseits.

❭ Gen 33,1: Jakob sieht Esau kommen und denkt sich bei sich: ... oder:

❭ Gen 33,16f: Esau denkt sich auf seinem Heimweg über die Begegnung mit seinem Bruder Jakob: ... Jakob denkt sich auf seinem Heimweg über die Begegnung: ...

❭ Jer 15: Jeremia sitzt da, ganz deprimiert, verfolgt, verbittert gegen Menschen und Gott und sich selber und denkt sich: ...

❭ Mk 14,10: Judas entschließt sich, zu den Hohepriestern zu gehen, um Jesus auszuliefern. Was geht vorher in ihm vor?

❭ Mk 14,72: Petrus hat Jesus verraten und geweint darüber. Danach denkt er über sich und seine Beziehung zu Jesus nach.

❭ Lk 18,9: Jesus erzählt solchen, die von ihrer eigenen Gerechtigkeit überzeugt sind und andere verachten das Gleichnis vom Pharisäer und Zöllner. Wie denken sie danach über die Botschaft und über Jesus?

❭ Joh 3: Nikodemus geht nach dem Gespräch mit Jesus nach Hause und denkt jetzt darüber: Verstanden habe ich... Nicht verstanden habe ich... Ich sehe Jesus nun als...

# 4 Rollen-Gespräch

Einen Dialog in der Rolle von biblischen Personen führen

### Beschreibung der Methode

Dem Rollenspiel liegt die Vorstellung zugrunde, dass biblische Personen miteinander ein Gespräch führen. Es handelt sich also nicht um ein freies Rollenspiel mit Bewegungen. Es geht nur um die Form eines Gesprächs.

#### FORMEN

Je ein Gruppenmitglied versetzt sich in die Rolle einer biblischen Person des Textes, der in der Bibelarbeit behandelt wird. Nur Hauptpersonen der Erzählung werden besetzt (bis zu vier Rollen, sonst wird das Gespräch zu unübersichtlich). Dann führen diese wenigen das Rollengespräch. Die anderen Gruppenmitglieder sind über das Zuhören und innere Stellungnahme beteiligt.

Die Rollen können auch von Gruppen übernommen werden. Die Teilnehmer/innen sind frei, sich für eine Rolle zu entscheiden (gleich wieviel Personen für jede biblische Figur) und sammeln sich zu Gruppen. Jede/r Teilnehmer/in verkörpert eine Stimme der biblischen Person. Also können Stimmen in der gleichen Gruppe (= der selben biblischen Person) sich auch widersprechen, so wie auch in uns Menschen verschiedene, zum Teil sogar widersprüchliche Stimmen sind, die unser Handeln bestimmen. Alle Teilnehmer/innen des Bibelkreises oder der Gruppe sind so eingeladen, sich aus der Perspektive einer biblischen Person am Gespräch zu beteiligen, die Einzelnen aber sind darin frei, ob und wann sie sich äußern wollen.

Manche Menschen, die sich normalerweise in der Gruppe nicht trauen, etwas zu sagen, können, animiert durch Äußerungen anderer, in der Rolle etwas beitragen. Und selbst wenn es doch nicht gelingt, so engagieren sie sich doch innerlich und ringen um das, was sie gern sagen würden und nähern sich auch so dem Textgeschehen und eigenen Bezügen dazu. Manchmal bietet sich ein Rollengespräch unter 2–3 Leiter(inne)n als Einstieg in eine biblische Thematik bzw. Problematik an. So werden die Teilnehmer/innen auf lebendige Art für ein Thema/einen Inhalt aufgeschlossen.

#### VERLAUF

*Hinführung*

Die Leitung *erläutert* ganz knapp *die Schritte des Zugangs* durch ein Rollengespräch und begründet auch, warum es bei diesem Text den Zugang zum Text und seiner Botschaft unterstützt. Transparenz (Was geschieht denn jetzt? Wozu wollen die mich bringen? Was machen die mit mir?) ist wichtig für mündige Gruppenmitglieder. Ebenso müssen sich Teilnehmer/innen sicher fühlen, dass sie selbst ganz frei entscheiden können, ob sie etwas sagen wollen oder nicht (unter Umständen auch, ob sie überhaupt in eine Rolle gehen wollen). Die Leitung muss auch davor die Angst nehmen, indem sie freigibt.

### Textbegegnung

Nachdem der *Text gelesen* ist – unter Umständen mehrfach, so dass die Teilnehmer/innen jedes Mal aus der Sicht einer anderen biblischen Person oder Personengruppe den Text hören und danach erste Eindrücke festhalten können – werden Plakate mit der Benennung von biblischen Hauptpersonen des Textes an verschiedene Orte in der Mitte gelegt. Die Teilnehmer/innen gehen herum und *entscheiden* sich *für den Zugang über eine bestimmte biblische Person und nähern sich ihr an.*

### Vorbereitung des Rollengesprächs

Jede Kleingruppe zu einer biblischen Figur aus dem Text findet sich im Stuhlkreis oder an einem Tisch zusammen und unterstreicht mit einem Stift (Farbstift?) das Reden und Handeln dieser biblischen Person. Dabei helfen sich die Gruppenmitglieder gegenseitig. Vielleicht ist auch noch Zeit, im Text genauer zu betrachten, wie sich die Beziehungen zu den anderen Personen der Geschichte gestalten und wie die jeweilige biblische Person wohl die anderen Figuren sieht. Anschließend sprechen die Kleingruppen ca. 10–15 Minuten darüber, was sie über die biblische Person, ihre Beziehungen und Handlungen denken. Ca. 5 Minuten gehen die Teilnehmer/innen zum Schluss ins Rollen-Ich: *Ich, Jakob, denke mir... Ich, Rebekka, ...*
Es geht darum, wenigstens kurz mit der Rolle im Miteinander warm zu werden.

### Durchführungshinweise

Dann wenden sich die Kleingruppen (= „biblische Personen") einander zu, in Gruppen sitzend, damit deutlich ist, wer mit welcher Stimme spricht, und werden *eingeladen zum Rollengespräch.* Zu Beginn gibt die Leitung die Situation an, die dem Rollengespräch zugrunde gelegt werden soll (Abraham hat gerade... Die Familie sitzt am Abend zusammen und spricht...) und erläutert kurz, wie die Regeln für das Gespräch sind, z. B.: Jede kann sich jederzeit äußern. Oder: Die Gruppen sprechen zuerst nacheinander in bestimmter Reihenfolge, bis alle dran waren, und kommen erst dann ins freie Rollengespräch miteinander. Die Stimmen innerhalb einer Gruppe können sich widersprechen. Es soll also niemand gehindert sein, etwas zu sagen, nur weil es nicht ins Ganze passt. Klar sollte auch sein, ob sich die Teilnehmer/innen an die biblische Abfolge und Inhalte halten sollen, oder ob sie auch Erfundenes hinzunehmen können. (Ein wichtiges Kriterium ist: Was dient dem Verständnis und der Vertiefung mehr?) Wie wird das Gespräch beendet? Oft durch „Abbrechen" der Leitung, manchmal wird es von den Gruppen durch eine Lösung zuende gebracht.

### Das Rollengespräch

Die Dauer des Gesprächs soll so sein, dass alle sich hinterher noch an den Verlauf und die Äußerungen erinnern können (nicht länger als 30 Minuten). Wenn sich eine Reihe von den Teilnehmer/innen nicht zu Wort melden, weil sie sich nicht trauen oder weil Vielredner oder Dominantere das Heft an sich reißen (das geschieht relativ häufig), dann empfiehlt es sich, als Leitung nach der Beendigung des Rollengesprächs einen „Anhang" anzufügen. Die Leitung begründet: Bei guten Ausgaben literarischer Werke gibt es des öfteren einen Anhang, in dem wir die Varianten lesen können, die der Dichter auch in Betracht zog, die aber in der Endfassung nicht mehr aufscheinen. In Anlehnung daran werden die Teilnehmer/innen, die bisher noch nichts gesagt haben, eingeladen, ihren Beitrag, der in der „Endfassung" des Gesprächs nicht gesagt werden konnte (aus welchen Gründen immer) doch noch zu benennen: „Ich hätte gerne gesagt:… Manche Teilnehmer/innen lassen sich animieren, dann, wenn sie Raum haben, doch noch etwas zu sagen. Das in knappen Worten Gesagte wird nicht mehr diskutiert, wird einfach nur zur Kenntnis genommen. Dann wird auch dieser „Anhang" abgeschlossen. Nach meiner Erfahrung kommen gerade im „Anhang" oft die tiefsten Gedanken. „Stille Wasser" sind bekanntlich oft tief.

### Abschluss des Rollengesprächs

Nach Beendigung des Gesprächs werden die Teilnehmer/innen von der Leitung gebeten, wieder aus den Rollen herauszutreten.

### Auswertung

Am Ende der Bibelarbeit steht eine Auswertung des Rollengesprächs: Welche Gefühle waren am Schluss da (im Unterschied zum Anfang?). Welche biblischen Personen (einzeln betrachtet) waren im Raum (Charakter, Handeln, Denken)? Was wurde vom biblischen Geschehen deutlicher? Welche Themen waren vor allem da? Was zeichnete sich in den Rollen ab von den eigenen Betroffenheiten in Lebens- und Glaubensthemen? Wohin hat die Auseinandersetzung geführt? Worin sehen die einzelnen Impulse für sich? Welches Unverstandene oder Fragwürdige möchten sie noch mit den anderen klären?

### Wozu dient die Methode?

Das Ziel ist, Teilnehmer/innen in den lebendigen Prozess von Texten hineinzunehmen, sie Stellung beziehen zu lassen, um danach Zusammenhänge und Hintergründe im Innenbereich besser verstehen zu können. Selbstverständlich werden dabei wie bei allen Identifikationsmethoden auch eigene Projektionen zum Ausdruck gebracht und anschaubar. Sie müssen, soweit sie als solche erkannt werden, selbstverständlich nicht als Textbotschaft an uns verstanden werden.

Die Methode findet vor allem Einsatz in der Bibliodrama-Arbeit. Aber sie eignet sich auch gut in der erfahrungsbezogenen Bibelarbeit, um sich persönlich in ein Beziehungsgeschehen von Bibeltexten einzulassen. Die Form setzt ja, anders als das Rollenspiel, kein eigenes Agieren voraus. Im Wort allein, auf ihrem Stuhl sitzend, fühlen sich viele Teilnehmer/innen am sichersten: Ich kann mich als Einzelner in einer Gruppe „verstecken". Ich trage nicht den ganzen Erwartungsdruck, die Rolle gut spielen zu müssen, da alle Stimmen, die sich für eine biblische Person entschieden haben, sich ohne Verpflichtung äußern können oder auch nicht. Das Gespräch, das Hin und Her von Wort und Antwort, ist sehr lebendig und bringt Teilnehmer/innen dazu, sich auf den Dialog mit Themen des Textes und aufeinander einzulassen. Die Lebendigkeit, mit der das geschieht, lässt oft sogar müde Menschen wieder aktiv werden. Außerdem schätzen Teilnehmer/innen die Vielfalt ihrer Gruppe und nehmen die persönliche Erfahrung der Gruppenmitglieder als Bereicherung und Hilfe.

**Mögliche Gefahren und Grenzen der Methode**

Was die Leitungskompetenz angeht, so gilt das das oben Gesagte. Hinzu kommt: Ein Rollengespräch braucht Zeit, auch die Vorbereitung der Gruppe darauf, die Durchführung und die Auswertung. Das muss eingeplant werden, sonst gelangt man nicht in die Tiefe der Botschaft und in eine fruchtbare Auseinandersetzung mit dem Text. Sonst ist es einfach „interessant" gewesen, was N.N. gesagt hat, und es war zur Abwechslung „mal was anderes". Wenn man das Rollengespräch verantwortungsvoll durchführt, bleibt das dort Erarbeitete dagegen oft lange Zeit lebendig.

**Praxisbeispiele**

DAS GLEICHNIS VOM VATER MIT DEN BEIDEN SÖHNEN,
LK 15,11-32

Situation: Der jüngere Sohn ist heimgekehrt, der Vater hat den älteren hinzugebeten... Es ist zwei Tage später am Abend. Die drei Betroffenen Vater, älterer Sohn und jüngerer sitzen beieinander und sprechen über das Geschehene.

„Vater"

„jüngerer Sohn"

„älterer Sohn"

## DIE AUSEINANDERSETZUNG DES PAULUS
## MIT SEINEN GEGNERN IN KORINTH

Die Auseinandersetzung des Paulus mit seinen Gegnern in Korinth findet in der so genannten Narrenrede, 2 Kor 10-13, statt (unter Umständen nur mit Kap. 10 arbeiten). Situation: Paulus und die Gegner sitzen sich gegenüber.

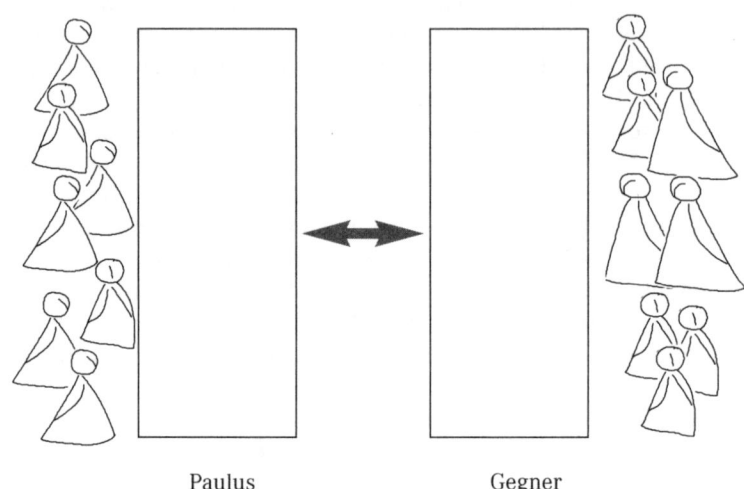

Paulus                    Gegner

## DIE GESCHICHTE VON DER GROSSEN LIEBENDEN, LK 7,36-50

Situation: Die „Sünderin", der ihre Sünden vergeben sind, weil sie so viel Liebe gezeigt hat, ist gegangen. Die Gäste, Simeon und Jesus unterhalten sich. Rollen für drei Gruppen: Simeon, Jesus, Gäste.

## DER GESTOHLENE SEGEN, GEN 27

Situation: Am Tag nach dem Jakob auf Geheiß Rebekkas den Segen gestohlen hat. Rollen: Isaak (blind), Rebekka, Esau, Jakob.

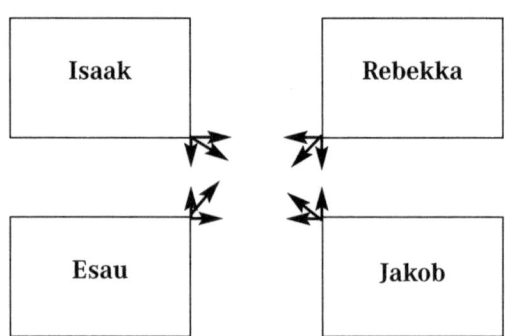

# 5 | Phantasiefigur
### In einer Phantasie-Rolle zum Textgeschehen Stellung nehmen

**Beschreibung der Methode**

Normalerweise werden nur die Personen, die innerhalb einer biblischen Erzählung ausdrücklich genannt werden, für Formen der Identifikation genutzt. Aber manchmal suchen Teilnehmer/innen auch eine persönliche Annäherung an biblische Überlieferungen, indem sie eine im Text nicht vorkommende Rolle wählen. So wird eine Phantasiefigur eingeführt, die entweder im Geschehen mitgedacht ist, aber nicht erwähnt wird (z. B. die Braut bei der Hochzeit zu Kana, Joh 2,1-11) oder eine Rolle am Rand der Geschichte spielt (z. B. zufälliger Passant aus der Menge bei einer Heilungsgeschichte) oder auch ein mit der Geschichte verbundenes Symbol (z. B. Baum, Brunnen, Stein vom Grab).

Phantasiefiguren werden gewählt im freien Rollenspiel beim Bibliodrama oder bei der Imagination („Phantasiereise", siehe dazu unten); sie können da und dort auch in der Bibelarbeit vorkommen im Rollengespräch oder auch bei schriftlichen Zugängen zum Text, z. B. wenn ein Zuschauer bei der Begegnung Jesu mit Zachäus einen (fiktiven) Brief an seinen Freund schreibt, was er bei der Begegnung gesehen und erlebt hat. Im zweiten Fall fasst der Teilnehmer/die Teilnehmerin des Bibelkreises in Form eines Briefes zusammen, was für ihn/sie an dem biblischen Geschehen wichtig ist. Es kann also eine Rolle gewählt werden, die dem eigenen Zugang zum Text nahesteht: z. B. wählt jemand eine Beobachterrolle am Rande des Geschehens, weil er das Ganze „objektiv" *von außen* beurteilen möchte.

Phantasiefiguren werden auch oft bei der Bibelarbeit mit Biblischen Figuren in Szenen gestellt: entweder solche, die helfen, die Anschaulichkeit einer Szene zu erhöhen („so können wir uns das vorstellen" „Lokalkolorit") oder solche, die als Randfiguren ein Identifikationsangebot verkörpern: „Vielleicht willst du als Betrachter/in das Geschehen auch erst mal aus dieser Perspektive verfolgen?" Der Leiter bzw. die Leiterin muss vor der Identifikation der Teilnehmer/innen den Rahmen abstecken, z. B.: „Nachdem wir den Text mehrfach gelesen haben und aus der Perspektive verschiedener Personen des Textes gehört haben, spüren die Einzelnen für sich nach, welche Rolle für sie stimmt. Es können nicht nur die Personen, die ausdrücklich im Text genannt sind, gewählt werden, sondern auch solche, die mitgedacht werden können, wie die Mutter des verlorenen Sohnes, oder Elija (Lk 1,17: Elija wird nur zitiert, kommt aber nicht in der Handlung vor). Auch Gegenstände bzw. Symbole im Text können gewählt werden oder Motive (z. B. „Freude" in Lk 15,7)".

## Wozu dient die Methode?

Nur sehr selten nähern sich Bibelkreise über die Identifikation mit Phantasiefiguren der Botschaft eines Bibeltextes, weil dann nur allzu rasch die Auslegung eine andere Richtung annimmt als der Duktus der biblischen Geschichte (siehe dazu unten).

Im freien Szenenspiel zum Bibeltext – einer Form des Bibliodramas – , in dem Teilnehmer/innen ihre Rollen ohne irgendwelche Vorgaben wählen können, kommt es dagegen nicht selten vor, dass sie ihre eigene Rolle suchen, also auch eine Phantasiefigur. Oft werden dann Rollen gesucht, die eine Unsicherheit widerspiegeln („Ich traue mir keine Rolle zu, bei der die anderen auf mich schauen, also wähle ich eine Rolle am Rande.") oder eine gewisse Distanz, ein vorsichtiges Sich-Herantasten („So nah geh ich noch nicht hin. Ich schaue mir die Sache erst mal aus der Ferne an.") oder die sich im Geschehen nicht so recht wiederfinden können und eine ihrem Empfinden entsprechende Rolle suchen.

Die Rollenwahl der Phantasiefigur hängt immer sehr stark mit der Lebensgeschichte oder der gegenwärtigen Situation zusammen und dem Bestehen auf einem Zugang, den der Text mit seinen Figuren nicht anbietet. Damit wird deutlich, dass sich hier wie nirgendwo bei anderen Methoden der Akzent der Auslegung völlig verschieben kann. Aus eigener Erfahrung weiß ich, wie oft mittels der Phantasiefiguren das Geschehen eine ganz andere Wende nimmt als im Bibeltext. Ich empfehle eher: Ganz, ganz selten diese Form wählen und dann genau wissen, was sie ermöglicht und wo sie ihre Grenzen hat.

## Mögliche Gefahren und Grenzen der Methode

In meiner eigenen langjährigen Praxis der erfahrungsbezogenen Bibelarbeit und Bibliodrama-Arbeit stellte sich bei den Zugängen zur Bibelarbeit die Identifikation mit Phantasiefiguren als größte Gefahr heraus, dass die Akzente sich stark verlagerten, weg vom Verlauf und den Schwerpunkten des Bibeltextes hin zu den Anliegen der Teilnehmer/innen. Das ist auch ganz und gar verständlich. Da der Text mit seinem Geschehen nichts dazu sagt, sind diese Teilnehmer/innen auch an keine Vorgaben, an keinen Text gebunden und agieren mehr von ihrer eigenen Perspektive her. Diese Methode setzt also sehr stark bei den Gruppenmitgliedern an, eben nicht beim Text, und deshalb hat dieser viel weniger Chancen, seine Anliegen zu vermitteln.

Im Extremfall kann sich das Ganze beim Rollenspiel durch Besetzung von Phantasiefiguren zu einer völlig anderen Geschichte entwickeln. Dort ist für mich ein absoluter Grenzbereich der Bibelarbeit erreicht. Es besteht die Gefahr, den Stoff der Bibel beliebig als Spiel- und Ausdrucksmaterial zu „benutzen", der frei für Selbsterfahrung zur Verfügung steht. Auch solches habe ich schon als Teilnehmerin erlebt. Für mich als Theologin steht aber der Text nicht einfach nur als Material zur Selbsterfahrung zur Verfügung, sondern er verdient den Respekt eines Gegenübers, der nicht dazu da ist, für mich selbst nur nach Belieben vereinnahmt zu werden, sondern der immer ein Gegenüber, ein anderes, bleiben wird, das ich mich bemühe, in seiner Eigenart zu verstehen (also die überlieferte Textgestalt, in der eben bestimmte Figuren keine Rolle spielen, selbst wenn ich mir das wünschen würde). Ich achte darauf, wie der Text versucht, seine Botschaft nahezubringen. Wir neigen heute oft dazu, alles selbst machen zu wollen, wie es uns sinnvoll erscheint. Aber ein echter Dialog zwischen Menschen – und ebenso mit dem Bibeltext – lebt auch davon, dass die Eigenart des anderen bewahrt bleibt, dass das Hin und Her der Bewegung – der Text mit seiner Botschaft zu uns und wir zum Text hin – so in Spannung bleibt.

Andererseits: Wo jemand seinen Ausgangspunkt und Standpunkt findet, von dem aus er sich zum Bibeltext und seinem Geschehen in Beziehung setzen kann, dort wird auch eine große Chance sein, sich bewegen zu lassen. Das heißt, auch eine Phantasiefigur kann mir eben aufgrund der spontanen, also intuitiven, Wahl genau den Ort bieten, an dem sich mir ein Zugang eröffnet. Mit großer Wahrscheinlichkeit liegt darin genau der Grad des Sich-Einlassens, der dem/der Teilnehmer/in zu dem Zeitpunkt möglich ist. Nicht selten werden nicht vorgegebene Rollen gesucht von Teilnehmer(inne)n, die sich weder ganz hineinbegeben wollen, noch ganz draußen sein wollen oder die aufgrund ihrer Lebensgeschichte sich gegen (durch den Bibeltext) vorgegebene Rollen wehren und ihr Eigenes betonen: „Das ist *mein* (und nur mein) Zugang." In seltenen Fällen wählen auch solche Teilnehmer/innen im freien Rollenspiel eine Phantasiefigur, die sich gerne vor anderen darstellen, wenn z. B. die Hauptrollen schon vergeben sind oder weniger Anreiz bieten, sich in Szene zu setzen.

Allgemein ist festzuhalten, dass Bibelkreis- oder Bibliodrama-Leiter/innen für sich gut klären müssen, wie weit die Anregung an die Teilnehmer/innen, sich über Phantasiefiguren dem Geschehen zu nähern, die Botschaft des Textes unterstützt oder der Selbstdarstellung dient und wie weit sie eine Eigendynamik entwickelt. In der normalen Bibelkreisarbeit wird dieser Zugang daher wenig zum Einsatz kommen.

### Praxisbeispiele
PHANTASIEFIGUREN IM FREIEN ROLLENSPIEL
ODER ROLLENGESPRÄCH
Am häufigsten wird eine Phantasiefigur eingeführt oder von Teilnehmer(inne)n gewählt im freien Rollenspiel oder Rollengespräch. Dafür einige Beispiele:

> ❯ Bei der Hochzeit zu Kana wählt jemand die Rolle der Braut, die im Text nicht erwähnt ist, oder die eines Hochzeitsgastes (Bekannter des Jüngers Andreas) und spielt sie je nach dem eigenen Anliegen innerhalb des Gesprächs oder szenischen Spiels.

❯ Bei der Heilung der gekrümmten Frau am Sabbat, Lk 13,10-17, wird sie von Jesus „Tochter Abrahams" genannt. Jemand wählt die Rolle „Abraham" und verkörpert ihn im Geschehen.

❯ Nach Mk 14,17-25 ist Jesus mit den „Zwölf" beim Abendmahl zusammen. Das bedeutet nicht ohne weiteres, dass Jüngerinnen nicht anwesend waren. So wählt jemand beim Rollengespräch oder -spiel die Rolle einer Jüngerin.

❯ Beim Rollengespräch unterhalten sich Nachbarinnen der Dirne Rahab (die im Text nicht erwähnt sind) über deren Verhalten gegenüber den Kundschaftern in Jericho, Jos 2.

❯ Die Freundin der blutflüssigen Frau steht in der Menge und verfolgt deren Heilung und das Gespräch Jesu mit ihr, Lk 5,24-34.

### BRIEF EINER PHANTASIEFIGUR

Als didaktisches Mittel für Teilnehmer/innen einer Bibelarbeit, die Ergebnisse persönlich zusammenfassen und mitteilen, wird bei Gruppen, die gewohnt sind, sich schriftlich auszudrücken, auch öfters der Brief gewählt. Der Brief hat den Vorteil, dass in eigenen Worten das, was man gelernt oder gespürt hat, in der Auseinandersetzung mit dem Text, formuliert wird. Dadurch wird anschaubar, wo man selber in Beziehung zu der biblischen Botschaft steht. Die Phantasiefigur dient dazu, näher an das Textgeschehen heranzukommen, den Graben von Damals und Heute zu überbrücken. Man stellt sich z. B. vor, jemand aus der biblischen Erzählung schreibt an einen Freund oder eine Freundin, was er/sie erfahren hat:

❯ Simon schreibt an seinen Bruder oder Freund, was er erlebt hat bei dem Gastmahl, zu dem auch die Sünderin kam, die Jesus als große Liebende hinstellte, Lk 7,36-50. Genauso gut kann als Phantasiefigur einer der Gäste dienen, dem ein Name gegeben wird, der an einen Freund schreibt über das, was er im Haus des Simon erlebt hat.

❯ Ein ungenannter Jünger, der durch Freunde zu Jesus gekommen ist, schreibt an einen Freund, was er bei Jesus erfahren hat (Joh 1).

❯ Der Mann der Susanna schreibt an einen Bekannten, wie er die Frauen in der Nachfolge Jesu sieht (Lk 8,1-3)

### EIN SYMBOL ODER EIN GEGENSTAND
### ALS PHANTASIEFIGUR

Teilnehmer/innen, die eher zurückhaltend sind, wählen beim Rollenspiel oft ein Symbol oder einen Gegenstand als Rolle, als Identifikationsmöglichkeit. So können sie beteiligt das Geschehen verfolgen, ohne die Handlung tragen zu müssen (es aber durchaus auch zu können). Ein Symbol hilft aber oft auch, einem Vorgang von innen her nachzuspüren:

> ❭ die „Freude" des Hirten über das gefundene Schaf ausdrücken als Rolle (Lk 15,3-7);
> ❭ den „Sabbat" in Lk 13,10 verkörpern;
> ❭ den Weg sprechen lassen, der zum Brunnen führt, Joh 4 (Samariterin) oder Gen 16,7 (Hagar).

## PHANTASIEFIGUREN AUF DER INNEREN BÜHNE

Auch auf der inneren Bühne, bei einer Phantasiereise (bzw. einer Imagination, siehe dazu auch S. 47ff) zu einem biblischen Text kann eine Phantasiefigur angeboten werden, um sich zu dem Geschehen in Beziehung zu setzen: Die Teilnehmer/innen werden angeleitet, sich die Synagoge von Mk 3,1 vorzustellen, die Menschen darin, wo Jesus steht oder sitzt, wo „sie", die ihn beobachten, um ihn zu verklagen, wo der Mensch mit der verdorrten Hand nach ihrer Vorstellung ist. Und schließlich erspüren sie selbst, wo sie in der Synagoge im Geiste anwesend sind, als einer der Synagogenbesucher. Wie weit weg oder nahe sie bei Jesus, dem gehandikapten Menschen, den Gegnern sind, wie und wovon sie selbst sich bewegen lassen, wie es ihnen damit geht, wenn Jesus den Menschen in die Mitte stellt, um ihn zu heilen, was der Sabbat für sie bedeutet und was Jesus da verkündet...

## PHANTASIEFIGUREN BEIM AUFSTELLEN BIBLISCHER SZENEN MIT BIBLISCHEN FIGUREN

Häufig werden Phantasiefiguren beim Aufstellen biblischer Szenen mit Biblischen Figuren verwendet. Neulich hatte eine Lehrerin bei ihrer Aufstellung der Biblischen Figuren im Rahmen einer Bibelarbeit zu der kanaanäischen Frau in Mt 15,21-28 dieser unerbittlich Bittenden ein Baby auf den Rücken gebunden, das nicht ihre besessene Tochter meinte. Sie kommentierte das folgendermaßen: Das war doch für Frauen damals so üblich, dass sie immer noch für andere Kinder zu sorgen hatten. Hier zeigte sich deutlich, dass der Akzent der biblischen Geschichte durch solch eine Inszenierung verschoben wird, obwohl es historisch ja durchaus so gewesen sein könnte.

Sehr häufig werden wegen des szenischen Aufbaus Randfiguren aufgestellt: eine neugierige Frau schaut hinter einem Baum hervor zum Geschehen hin; ein paar Männer schauen von ferne zum Geburtsgeschehen (Gen 25,19-26) hin; Frauen freuen sich über die Begegnung von Maria und Elisabeth, Lk 1,39ff.

Meines Erachtens lenken zusätzliche Personen immer von der zentralen Botschaft eines Textes ab, sie ziehen Aufmerksamkeit ab und streuen sie; je mehr Personen, desto weniger zentriert sich die Aussage. Deshalb gilt es gut zu wählen, was welche Aspekte unterstützt, was Betrachter und Beteiligte der Bibelarbeit wohin bewegen kann und soll.

# 6 Rollenperspektive
### Sich an einer beliebigen Stelle des Textes auf eine Rolle einlassen

**Beschreibung der Methode**

Nach dem Lesen des Textes werden mit einem (Farb-)Stift die Ortsangaben und auch Orte von Personen (oft auch durch Bewegungsverben zu erschließen) markiert.

Anschließend wird im Gruppenraum mit Tüchern oder Zetteln/Plakaten oder Symbolen eine Raumanordnung des Textes erstellt. Manche Texte enthalten eher eine lineare Form der Ortsangaben, manche eine konzentrische. Orte und Standorte von Personen in Beziehung zu den Ortsangaben werden gekennzeichnet.

Dann lesen die Teilnehmer/innen noch einmal in Ruhe den Text und erspüren, wo ihr eigener Ort in der heutigen Bibelarbeit ist und nehmen ihn im Raum ein. Alle Möglichkeiten im Laufe des Textfortgangs sind gegeben.

Nachdem sie sich in der Raumanordnung des Textes an ihrem Platz niedergelassen haben, spüren sie sich in die Rolle des Textes (oder das Motiv) ein, die sie einnehmen möchten. Was bewegt sie an diesem Ort? Was wissen sie von ihm? Was fragen sie sich? Wohin geht ein Impuls?

Dann geht der/die Leiter/in in der Reihenfolge der biblischen Geschichte von einem Standort zum anderen im Textgeschehen, den Teilnehmer/innen einnehmen und befragt sie zu den obigen Fragen. Es kommt zu keinem Rollenspiel. Es bleibt bei den Äußerungen der einzelnen. Gut ist es, wenn die Leitung oder die Gruppe am Schluss gemeinsam reflektieren kann, was sich über das Textgeschehen neu erschloss und was die eigenen Themen waren. Ein vertiefendes Gespräch kann sich anschließen.

**Wozu dient die Methode?**

Die Methode hilft den Gruppenmitgliedern dabei, den Raum des Textes zu betreten und ihren individuellen Ort zu finden, von dem aus sich ihnen etwas vom Text erschließen kann. Oft findet man selbst sehr rasch und tief in ein Geschehen hinein, wenn man im Raum einen Ort für einen Standpunkt einnimmt.

Die Methode eignet sich für Gruppen, die persönliche Zugänge suchen und sich auch trauen, sich persönlich zu äußern, die aber (noch) nicht ins Rollenspiel möchten.

Auch für eine Leitung, die zwar erfahrungsbezogen einen Zugang ermöglichen will, aber sich selbst eine Begleitung für ein Rollenspiel nicht zutraut, ist diese Form zwar intensiv, aber kontrolliert, weil nicht im Prozess und in der Interaktion gespielt wird. Die Teilnehmer/innen wählen selbst den Ort, an dem sie sich „kompetent" fühlen. Und sie finden in der Regel intuitiv das, was sie von diesem Ort aussagen wollen.

Die Methode wurde entwickelt von Seelsorgern/Priestern aus dem seelsorglichen Fragegespräch. Deshalb wird sie solchen leicht fallen, die jenes gewohnt sind.

### Mögliche Gefahren und Grenzen der Methode

Je näher eine Methode ans Rollenspiel herangeht – und diese nähert sich stark – um so intensiver können sich Prozesse in den Teilnehmer(inne)n auftun und Begleitung brauchen. Aber normalerweise werden sich die Teilnehmer/innen selbst so weit einbringen, wie es ihnen gut tut und wie weit sie selbst gehen wollen. Die Leitung kann sie dabei unterstützen, indem sie nicht weiterdrängt zu persönlichen Äußerungen, sondern immer wieder signalisiert, dass es auch erwünscht und legitim ist, nichts zu sagen, vor allem wenn Teilnehmer/innen in sich Barrieren spüren. Auf keinen Fall darf bei ihnen nachträglich das Gefühl entstehen, zu Äußerungen gedrängt gefühlt worden zu sein, die sie eigentlich nicht machen wollten.

In einer Reihe von gemeindlichen Gruppen wird diese Methode sehr gern angenommen, da alle, die wollen, zu Wort kommen und ihren persönlichen Fragen nachgehen können. Aber für viele, in Rollen nicht so Geübte, ist darauf zu achten, dass erst mit ganz kleinen Formen der Identifikation begonnen wird, bevor komplexere Formen folgen.

### Praxisbeispiele

DIE TAUFE DES ÄTHIOPIERS, APG 8,26-40
Raumanordnung des Textes:

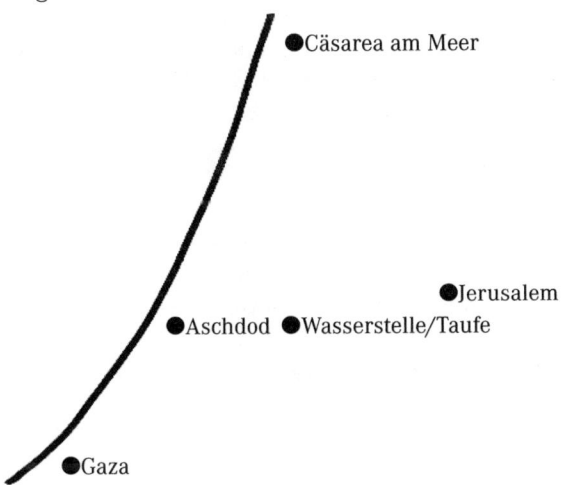

❯ Der Text wird gelesen. Die Ortsangaben werden gemeinsam herausgeschrieben. Dann wird die Raumanordnung des Textes mit Tüchern oder Zetteln in dem Gruppenraum ausgelegt. Die Teilnehmer/innen haben Gelegenheit zu Rückfragen zum Textverständnis. Einige Beobachtungen (evtl. anhand von Textarbeitsfragen) werden miteinander ausgetauscht.

❯ Anschließend fühlen sich die Teilnehmer/innen ins Textgeschehen ein und suchen ihren eigenen Platz: mehr am Anfang des Geschehens, bei der Schriftauslegung (genauer Ort muss selbst gefunden werden, da der Text dazu keine Angaben macht), bei der Taufe, bei der weiteren Verkündigung... Die Teilnehmer/innen sind eingeladen, sich in der gestalteten Raumanordnung ihren Platz zu suchen und sich einzufühlen in die Rolle oder den Ort. Die in der Beschreibung der Methode genannten Fragen sind dabei hilfreich.

❯ Dann geht der/die Leitende in der Reihenfolge der Textabfolge von Teilnehmer/in zu Teilnehmer/in und befragt ihn/sie zur eigenen Sicht, zur Erfahrung des Textgeschehens aus ihrer Perspektive und dazu, was sie vor allem bewegt.

❯ Zum Schluss treten die Einzelnen aus ihren Rollen bewusst heraus. Im Stuhlkreis reflektieren sie gemeinsam, was sich ihnen neu erschlossen hat im Blick auf den Text und im Blick auf eigene Lebens- und Glaubens-Themen darin. Noch offenen Fragen kann im gemeinsamen Gespräch nachgegangen werden. Ein gestalteter Abschluss tut gut, z. B. ein Gebet, oder ein Satz als Botschaft von einer Reihe der Teilnehmer/innen.

### DIE HEILUNG DER ERSTARRTEN HAND, MK 3,1-6

Das Beispiel wird nicht im Einzelnen als Bibelarbeit ausgeführt. Daran soll nur deutlich werden, dass viele Texte kaum äußere Ortsangaben haben, die Positionen angeben. So müssen diese durch die Gruppe gemeinsam festgelegt werden. In der Raumanordnung des Textes kommen vor: die Synagoge, die Mitte und „draußen". Die Orte, an denen Jesus sich befindet (außer dass er hineingeht), der gehandikapte Mann und die Gegner Jesu („sie", später als „Pharisäer" näher gekennzeichnet) sind nicht angegeben. So sucht die Gruppe, die den Synagogenraum im Raum gestaltet, Orte dafür aus. „Draußen" haben auch die Herodianer ihren Ort. Das Gesamt der Text-Raumanordnung ist konzentrisch, da es zwischen „draußen" und „drinnen" und von einer „Mitte" handelt.

Bei dieser Heilungsgeschichte liegt – im Gegensatz zum vorhergehenden Praxisbeispiel – keine lineare Text-Raumanordnung vor, die von einem ersten äußeren Ort zu einem zweiten Ort im Außen führt. Vielmehr umkreist sie die Orte „draußen", „drinnen" und eine „Mitte".

46

# 7 | Imagination – Phantasiereise
## Mit der inneren Vorstellung in das Textgeschehen hineingehen

### Beschreibung der Methode

In der Imagination oder „Phantasiereise" wird versucht, das Geschehen des biblischen Textes intensiv in der inneren Vorstellung zu vergegenwärtigen. Vor dem inneren Auge erstehen die Bilder, die Handlungen, die in uns beim Hören einer Geschichte hochkommen. Denn wenn wir eine Geschichte hören von Menschen und ihrem Handeln, entstehen automatisch Vorstellungen von ihnen in uns. Ganz bewusst wird nun diese unsere Fähigkeit beim Zugang zu Bibeltexten genutzt. Wie auf einer inneren Bühne in uns vollzieht sich das Geschehen, und wir sind mitten dabei mit dem Schauen, Hören, Empfinden ...

Der Zugang ist nur möglich, wenn Ruhe in der Gruppe und im Umfeld ist, wenn die Leitung nicht unter Zeitdruck steht, wenn keine Nebengeräusche im Umfeld (Straße, Haus...) stören. Die Imagination sollte insgesamt mit Vorbereitung nicht über 15–20 Minuten dauern. Folgende Schritte empfehlen sich:

### BEWÄHRTER VERLAUF EINER IMAGINATION
*Hinführung*

Zunächst motiviert der/die Leiter/in die Teilnehmer/innen, sich über eine Imagination bzw. Phantasiereise auf das biblische Geschehen einzulassen: Die Imagination führt nach innen und erleichtert es, den Bibeltext von innen her wirken zu lassen. Zum einen gewinnen die Inhalte, die den Teilnehmer/innen sonst oft fremd bleiben, an Lebendigkeit und zum andern werden intensivere Erfahrungen möglich. Oft ergeben sich auf diesem Weg erstaunliche Einsichten, die den Prozess der Bibelarbeit und das eigene innere Wachstum voranbringen. Diejenigen, denen dieser Zugang nicht liegt, werden gebeten, während der Imagination andere nicht zu beobachten (aus Respekt vor dem persönlichen Bereich anderer, auf deren Gesicht sich auch innere Bewegung zeigen kann). Diejenigen, denen keine Vorstellungen und Bilder kommen, sollen sich nicht beunruhigen. Es lässt sich nicht erzwingen, dass uns gerade jetzt eine Botschaft erreicht. Am besten ist es, gelassen damit umzugehen und sich dann eben eine Zeit der Ruhe zu gönnen. Ganz wichtig: Jede/r ist frei, die Impulse der Leitung zu übernehmen, die für ihn/sie stimmen, und wegzulassen, was zuviel oder störend oder nicht hilfreich ist. Es dient dem Sich-Einlassen-Können der Teilnehmer/innen, wenn ihnen schon vorab die Sicherheit gegeben wird: Du bist frei zu schauen, was dir kommt, und das Geschaute/Gehörte bleibt bei dir, du musst es nicht hinterher den anderen offenbaren.

## I. ZUGÄNGE DURCH IDENTIFIKATION

*Vorbereitung auf die Imagination*

Eine solche Haltung einnehmen, dass ich die Aufmerksamkeit nach innen richten kann, dass ich ganz aufmerksam sein kann (Sitzen, Liegen) – sich entspannen, die Augen schließen, z. B. einige Male kräftig ein- und ausatmen und darin Anspannung loslassen, sich bewegen oder über das Gesicht streichen, um Verkrampfungen zu lösen, in Gedanken mit Bewusstsein von Kopf bis Fuß oder umgekehrt durch den Körper gehen und so ganz gegenwärtig dann zur Ruhe kommen und den Blick im Geiste nach innen richten, dorthin, woraus die Bilder aufsteigen mögen.

*Imagination*

Die Imagination wird in der Ich-Form oder in der Anredeform mit Sie formuliert, wie es der Leitung stimmiger erscheint: Bilder aufsteigen lassen von der Landschaft, in der sich das biblische Geschehen vollzieht, zuerst großräumig, dann sich annähern, z. B. zuerst Vogelperspektiven, dann genauer einen bestimmten Ort unter Umständen eine bestimmte Zeit sich anschauen, dann die Person(en) des Bibeltextes sich dort vor Augen stellen und nach und nach den ganzen Verlauf der Erzählung dem Text nach. Die Leitung hat vorher für sich schon die Stationen der Geschichte festgelegt, die sie als Impulse anbieten will. Als Faustregel gilt: Je ungeübter eine Leitung bei der Imagination ist, je enger sollte sie sich an den Textverlauf halten. Dabei ist darauf zu achten, dass nicht alle Vorstellungen, Gedanken, Gefühle den Teilnehmer(inne)n vorformuliert werden. Jede/m Teilnehmenden soll eine eigene Begegnung mit dem Textgeschehen ermöglicht werden. Es sollen auch nicht allzu viele einzelne Gedanken vorgebracht werden, so dass die Überschaubarkeit und Klarheit gewahrt bleibt.

Dazu helfen:

> Fragen mehr als Aussagen: Wo steht...? Wie nahe zu...? Was denkt er? Was sagt: ...? Wie antwortet... Wie geht es ihr mit den Leiden?

> Wenn Festschreibungen wie folgende fehlen: Die gekrümmte Frau spürt... und sagt sich... Das Grab ist ... Meter tief und ganz dunkel und... Der Brunnen ist kreisrund und ... Meter tief und das Wasser ist... Besser ist: Was spürt die Frau? Wie nimmt sie das Grab wahr?

> Pausen zwischen den einzelnen, kurzen Impulsen. Die Stille zwischen den Anregungen lässt Raum für eigene Vorstellungen und dafür, sich hineinzufühlen und kommen zu lassen, was sich vom Inneren her zeigen will. Häufig wird in dieser Stille den Teilnehmer(inne)n ihre persönliche Botschaft zuteil.

*Beendigung der Imagination*

Es empfiehlt sich, zum Schluss die Teilnehmer/innen noch einmal einen Blick darauf werfen zu lassen, was für sie der wichtigste Eindruck oder das wichtigste Wort oder die wichtigste Handlung war und das besonders in die Erinnerung zu nehmen. Dann werden sie dazu angeregt, sich aus der Imagination zu verabschieden. Meist ist es am besten, sie ihre eigene Form der Verabschiedung aus der geschauten Szene finden zu lassen oder sie entsprechend dem Text anzuleiten, wenn der Text eine solche anbietet. Dann lösen sich die Gruppenmitglieder auch äußerlich heraus, indem sie sich körperlich (heraus-)bewegen, durch Öffnen der Augen, Strecken, rekelnde Bewegungen, Aufstehen.

*Austausch oder Reflexion*

Was nur innerlich vorgestellt wird und nicht zum Ausdruck gebracht wird, bleibt oft flüchtig. Deshalb empfiehlt sich meist ein anschließender Austausch zu zweit (maximal zu dritt), damit alle zu Wort kommen können und doch auch eine „private" Atmosphäre gewahrt bleibt. Die Teilnehmer/innen sollen motiviert werden zum Austausch, allerdings ist dafür wichtig, sie zu ermutigen, nur das preiszugeben, was sie wirklich wollen, dass sie sich nicht gedrängt fühlen, sehr Persönliches zu äußern, das sie eventuell nachher bereuen. Sie können stark hineingehen und direkt sagen: Das und das habe ich erlebt und gefühlt und gehört oder sich mehr abgrenzen und über die Erfahrungen distanzierter sprechen: Ich konnte mich nicht so gut konzentrieren auf... Mir liegt ein solcher Zugang nicht so. Deshalb... Ich möchte jetzt nur schauen, wie... Am wichtigsten war mir...

Nach meiner Erfahrung sollte diese Phase nicht zu lange dauern, damit nichts zerredet wird und man sich auf Wesentliches konzentriert. Die Zeit wird vor dem Austausch angegeben, damit die Teilnehmer/innen wissen, wie tief sie sich einlassen können. Bewährt haben sich 5–10 Minuten für Zweiergespräche. Die Teilnehmer/innen können auch vorher ihr Gespräch beenden – wie es für sie stimmt. In einer abschließenden Plenumsrunde kann, wer will, noch einen Satz dazu sagen, was ihm/ihr bewusst geworden ist. Da Imaginationen auch frühere Erfahrungen – manchmal schmerzhafte – aufsteigen las-sen können, ist es gut, als Leiter/in zum Schluss den Teilnehmer(inne)n, die noch Probleme mit inneren Erfahrungen oder Bildern haben, ein Gespräch anzubieten.

### DIE TÄGLICHE BETRACHTUNG NACH IGNATIUS VON LOYOLA

Nach Ignatius von Loyola hilft die Imagination auch sehr bei der eigenen täglichen Betrachtung oder bei Exerzitien. Bei ihm vollziehen sich die Schritte so:

*Vorbereitungsgebet*

Ausrichtung auf den Herrn hin. „Von Gott, unserem Herrn die Gnade erbitten dazu hin, dass alle meine Absichten, Handlungen und Beschäftigungen rein im Geist und der Verherrlichung seiner Majestät zugeordnet seien."

*Vorübungen*

> Vergegenwärtigung des Bibeltextes (auch Kontext); das Glaubensgeschehen in der Erzählung wahrnehmen.

> Persönlich in Beziehung zur Geschichte treten: Zuerst eine erste bildhafte innere Vorstellung aufsteigen lassen, den Raum des Geschehens in den Blick bekommen. Sodann um die Erschließung des „geistlichen Sinnes" des Geschehens bitten, sich für die „geheimnisvolle", noch verschlossene Botschaft zu öffnen und schließlich sich auf Gott hin ganz aufzutun und ihn dadurch mehr zu lieben.

*Imagination*

> Sehen: Bilder bzw. Szenen, die mich berühren.

> Hören: Worte, die mich angehen.

> Schauen, was die Personen der Geschichte tun, welche Verhaltensweisen mich berühren und bewegen. Dabei ist es wichtig, sich in die Menschen der Geschichte hineinzuversetzen oder sich nur von einem von ihnen her dem Geschehen zu nähern.

*Besinnung*

Welche Bedeutung hat das Geschaute und Gehörte? Welches Heilvolle will Gott vielleicht an mir wirken?

*Abschlussgebet*

Abschließendes Gebet mit Bezugnahme auf das in der Imagination Erlebte.

## Wozu dient die Methode?

Die „Phantasiereise" kann uns helfen, mit unseren inneren Sinnen etwas von der tiefen, geheimnisvollen Seite des biblischen Textes zu erfahren und ihre aktuelle Kraft für eine gegenwärtige Wirkung in unserem Leben aufzuschließen. Das Schauen und Hören auf unserer „inneren Bühne" erlaubt es uns, im geschützten Raum unseres Innen – nicht kontrolliert von anderen oder in Reaktion auf sie – subjektiv Aspekte des Textes lebendig werden zu lassen. Die Konzentration unserer Aufmerksamkeit, die sich von außen nach innen richtet, führt in der Imagination auch vom äußeren „normalen" Schauen in Bildern zur Öffnung des tieferen Blickes und zur Wahrnehmung der inneren Wahrheit. Die Eindrücke sind oft intensiv, die Teilnehmer/innen gestalten durch ihre je eigene Vorstellung das innere Geschehen aktiv mit.

Ignatius von Loyola empfiehlt die Imagination als kontemplativen Zugang zu Bibeltexten. Das Ziel ist „die innere Erkenntnis des Herrn". Durch die Bilder und Worte hindurch geht der Weg in die Tiefe zur Gottesbegegnung hin, die freilich nicht bewirkt werden kann, sondern Gottes Gabe ist.

## I. ZUGÄNGE DURCH IDENTIFIKATION

Aus eigener Erfahrung und von Erzählungen anderer weiß ich, dass da und dort eine Zusage, ein Trost, eine Weisung, eine Einsicht in der Imagination geschenkt wird. Eine Imagination als Annäherung an biblische Texte wird selten als einziger Zugang gewählt; sehr häufig ist sie Teil einer methodisch vielfältigen Bibelarbeit. In der Regel dient sie nach einer Textarbeit zur persönlichen Vertiefung und Aneignung. Auch in der Bibliodrama-Arbeit trägt Imagination zur persönlichen Vertiefung und Verinnerlichung bei. Bei der persönlichen Betrachtung ist sie sehr beliebt.

### Mögliche Gefahren und Grenzen der Methode

Imagination braucht wie die meisten Methoden der Identifikation eine gute Leitungskompetenz. Die Hinführung soll motivierend sein und Teilnehmer/innen einen eigenen verantwortlichen Umgang ermöglichen. Es ist also auch erwünscht, wenn sie sich von einzelnen Impulsen distanzieren. Sie muss knapp sein und Wesentliches enthalten, sonst bekommen Ängstliche noch mehr Angst, oder die Hauptaufmerksamkeit ist schon vorab verbraucht. Viele beherrschen auch nicht die Kunst, wie man in rechter Weise Fragen und Pausen einsetzt, damit die Teilnehmer/innen ihre innere Szene in sich entstehen lassen können. Manche „kauen" ihrer Gruppe Geschautes, Gehörtes und Erspürtes „vor", und es ist *ihr* Eigenes, nicht das des Textes oder der anderen. Schließlich kann eine Imagination meines Erachtens nur angeleitet werden in großer Ehrerbietung vor dem Inneren der anderen Menschen, denen Impulse nur als Angebote zur eigenen inneren Inszenierung und Schau gegeben werden, nicht um ihnen eine bestimmte Botschaft „einzuflößen" oder sie etwas Bewegendes erleben zu lassen. Die Achtung und Anerkennung gilt in gleichem Maß denen, die diesen Zugang nicht schätzen und damit nichts anfangen können. Es dient dem Gruppenklima und dem Miteinander, wenn diejenigen, die während der Imagination in ihrer Vorstellung auf andere Weise mit dem Text umgehen oder sich eine Ruhe-Phase gönnen, sich ganz akzeptiert fühlen.

### Praxisbeispiele
#### IMAGINATION ZUR HEILUNG DES MANNES
#### MIT DER ERSTARRTEN HAND AM SABBAT, MK 3,1-6

Ich nähere mich im Geist einem Ort in Galiläa, und der Synagoge in diesem Ort: Wie sieht die Synagoge aus, außen und vor allem innen? Was spüre ich von diesem Raum und dem, was darin geschieht? - Ich sehe den Raum nun am Sabbat, wenn Menschen ihn füllen, die zum Gebet gekommen sind. Was nehme ich von diesen Menschen wahr, die zum Gebet zusammengekommen sind? - Dann sehe ich da auch Jesus hineingehen in diesen Gebetsraum. Wo ist schließlich sein Platz? - Ich sehe nun auch einen Menschen mit einer verdorrten, einer kranken Hand. Wo ist sein Ort? - Und ich sehe nun auch fromme Menschen, Pharisäer, die darauf achten wollen, dass Jesus den Sabbat nicht missachtet durch Arbeit, indem er heilt wie schon da und dort in Synagogen. – Wo ist mein eigener Ort, bei wem stehe ich in der Nähe? Oder bin ich der gehandicapte, heilungsbedürftige Mensch – welches ist dann mein Gebrechen? – Oder ein Besucher, oder will ich mich in die Gegner Jesu hineinspüren? – Wo ist mein Platz? Was spüre ich von da aus? – Jesus spricht zum kranken Menschen: „Richte dich auf, in die Mitte!" Wie ist das für mich? – Und wie geht es mir mit seiner Frage, die er gleich an die Beobachter stellt: Ist es erlaubt, am Sabbat Gutes zu tun oder Böses, Leben zu retten oder zu töten? Wie kommt das bei mir an meinem Platz an? – Was nehme ich von dem wahr, wie es den anderen in der Synagoge damit geht? – Um was geht es wohl Jesus? (Statt der wörtlichen Wiederholung der biblischen Frage könnte in einer Imagination auch einfach eine offene Frage gestellt werden: Was spricht Jesus nun zu den Menschen in der Synagoge?) Jesus erhält keine Antwort. Warum? Spüre ich etwas von den Motiven des Schweigens? Und Jesus schaut alle voller Gefühl an, zornig – und betrübt zugleich und heilt den Menschen. Die Gegner gehen hinaus.

Was bewegt mich jetzt zum Schluss? Welches Gefühl ist da? Welcher Eindruck ist jetzt am stärksten in mir vom ganzen Geschehen? Gibt es einen Satz, der mir dazu aufsteigt, eine Frage, einen Kommentar, einen Wunsch? – Ich verabschiede mich jetzt auf meine Weise, so wie es mir jetzt kommt, in meinem Geiste aus der Szene, verlasse das Geschehen und lasse die Bilder los. Ich bewege mich auch körperlich und gehe damit ganz heraus aus dem inneren Schauen und Spüren.

### BRUNNEN-IMAGINATION ZUR HAGAR-ERZÄHLUNG
*Hinweis der Leitung*
Wer die Übung nicht mitmachen will oder kann, bitte nicht die anderen beobachten, sondern die Augen schließen und bei sich sein aus Achtung vor den anderen, die die Übung mitmachen.

*Allgemeine Sammlung*
Nimm eine gesammelte Haltung ein, in der du gut aufmerksam sein kannst. Nimm den Körper wahr, schaue und höre nach innen, lass Bilder kommen von der Landschaft zwischen „Kadesch und Bared", wie sie dir dein Inneres eingibt.

*Imagination*
Ich schaue die Landschaft in der Wüste zwischen Kadesch und Bared, auf dem Weg nach Ägypten. Und dort sehe ich auch den Brunnen, die gefasste Quelle in der Wüste. Was nehme ich von der Landschaft wahr? Licht? Wärme? Die Gestalt der Landschaft und des Brunnens? Mein Brunnen. Ich selbst bin dort angekommen. – Dort findet mich der Bote Gottes. Er sagt: Woher kommst du und wohin

gehst du? Und er sagt meinen eigenen Namen dazu (Ulrike, Maria ... ).Was antworte ich? – Und er schaut mich liebevoll an. Und er nimmt mich an der Hand und führt mich hinunter in den Brunnen, an die Quelle, wo das lebendige Wasser seinen Ursprung hat. Dort gibt er mir zu trinken, – und er stellt mich in Gottes Blick. – Ich bin im Blick von dem, der sich nach mir umsieht, der mich ganz sieht, wie ich bin und mich annimmt, alles, was ich bin: (Ulrike, Maria ...), die Frau, die Sklavin, die Fremde..., was unterdrückt ist, was mir fremd ist an mir, was fliehen muss – alles das sieht der Lebendige, und nimmt es an und gibt dem eine Verheißung. – Sagt er etwas zu mir? Was? – Bewahre einen Blick, ein Wort und trinke aus der Quelle noch einmal, in dich hineinnehmend, was der „Brunnen des Lebendigen" dir gibt. – Dann lass dich vom Boten Gottes wieder heraufführen aus dem Brunnen und finde deine Form, dich von ihm zu verabschieden. Löse dich auch körperlich heraus aus der Sammlung. Bewahre dein Bild, deine Botschaft in deiner Erinnerung.

*Austausch*

Wer das Bedürfnis hat, über diese Erfahrung zu sprechen, ist herzlich dazu eingeladen von der Leitung. Oft ist zunächst ein Partnergespräch hilfreich, bei der jede/r entscheiden kann, was er/sie einem/r Teilnehmer/in mitteilen will. In der Gesamtgruppe werden manche ihre Eindrücke noch mitteilen oder Schwierigkeiten besprechen wollen. Für die meisten Menschen ist dies eine schöne Botschaft, die sie erhalten. Es kann in seltenen Fällen für manche auch eine unangenehme Erinnerung sein. Dann ist es gut, mit jemand zu sprechen, um besser zu verstehen.

# 8 Vier-Schritt: Wissen – Phantasie – Sein – Deuten

### Sich über Wissen und Phantasieren einer biblischen Person nähern, sie spielen und das Gespielte deuten

**Beschreibung der Methode**

Es handelt sich um eine Kleinform aus der Bibliodrama-Arbeit, um eine Rolle zu erheben, um sich einer Figur der Geschichte anzunähern, sich einzufühlen. Die drei Schritte dieser Methode aus der Bibliodrama-Arbeit dienen dazu, sich Schritt für Schritt auf die Figur(en) eines Textes einzulassen und sich mit ihr zu identifizieren.

### 1. SCHRITT: WAS WISSEN WIR ÜBER DIE PERSON ODER FIGUR?

Die Teilnehmer/innen tragen zusammen, was sie im Text zur betreffenden biblischen Person finden: Beschreibungen, Charakterisierungen, Haltungen, Handlungen, Beziehungen, Wünsche/Ziele, Entwicklungen von Personen. Die Leitung achtet darauf, dass nur Dinge genannt werden, die wirklich im Text stehen, keine Vermutungen, Projektionen, Spekulationen, psychologische Deutungen oder religionsgeschichtliches oder sonstiges „Hintergrundwissen" der Theologie (z. B. stand lange Zeit in vielen Kommentaren, dass die verlorene Drachme der Frau von Lk 15 zum „Brautschmuck" gehörte oder dass die Samariterin in der Mittagszeit zum Brunnen käme, weil sie als anstößige Frau nicht zur gleichen Zeit wie die anderen Frauen kommen könne. Das sind reine Phantasien der Kommentatoren, nicht Gegebenheiten der Geschichte). Bei diesem ersten Schritt bleibt der Text ein Gegenüber. Wir nehmen ihn ernst mit seinen eigenen Aussagen, um so möglichst wenig von unseren Spekulationen und Projektionen in ihn hineinzulesen.

### 2. SCHRITT: WAS PHANTASIEREN WIR ÜBER DIE BIBLISCHE PERSON ODER FIGUR?

Bei diesem Schritt sind nun deutlich die Teilnehmer/innen mit ihrer eigenen Lebens- und Glaubensgeschichte gefragt. Nachdem vorher der Text sprechen konnte, sprechen nun die Teilnehmer/innen mit ihren eigenen Vorerfahrungen zu der Thematik des Textes.

Sie sollen sich dabei bewusst sein, dass das, was sie über Personen, Beziehungen, Hintergründe des Textes phantasieren, viel mehr von ihren eigenen Themen, Gedanken und Gefühlen ausdrückt als von denen der damaligen Geschichte. Dieser Schritt hilft dazu, dass die Teilnehmer/innen sich selbst auf die Beziehungen und die Thematik des Textes einlassen mit ihrer eigenen Geschichte und Haltung. Durch einige Fragen, die die Leitung in den Raum stellt, kann die Phantasie angeregt werden:

> Wie alt ist N.N. (Maria v. Magdala, Petrus, Jakob...)?
> Wie sieht sie/er aus?
> Wie geht sie auf dem Weg? Was bewegt sie dabei?
> Was möchte/ersehnt sie?
> Wie denkt sie?

### 3. SCHRITT: SEI SIE/ER!

Nun gehen die Teilnehmer/innen selbst in die Rolle hinein. Sie stellen sich vor, sie schlüpfen in die Rolle des David, der Delila, der Maria oder Marta... Sie nehmen auch körperlich eine Haltung ein, die sie mit der biblischen Person verbinden. Das erleichtert die Identifikation. Oft ist es hilfreich, wenn die Teilnehmer/innen frei im Raum gehen in Haltung und Vorstellung der biblischen Person. Im Gehen ist es leichter, uns in die Rolle „hineinzugehen", nicht festzusitzen, sondern einen Weg zu gehen im identifizierenden „Ich" mit der biblischen Person. Die Leitung geht ebenso im Raum und unterstützt die Teilnehmer/innen durch Fragen, die helfen, die Rolle in ihren verschiedenen Dimensionen wahrzunehmen: Gefühle, Gedanken, die Art der Beziehungen, die Vorgeschichte, die Zuspitzung des Problems oder des Themas des Textes und seiner Berührungspunkte in der Person der Teilnehmerin, z. B.: „Was wäre, wenn sie heil würde? – Und warum glaubst du, dass Jesus sie heilen kann? Woher weißt du von ihm? Was willst du jetzt konkret tun, wenn du ihm gleich begegnest? Und wenn er nicht kann oder nicht will?"

### 4. SCHRITT: AUSWERTUNG UND DEUTUNG

Die Teilnehmer/innen treten aus der Rolle heraus, schütteln sie ab. Mit der Leitung reflektieren die Teilnehmer/innen das Erfahrene. Mögliche Leitfragen für die Auswertung:

> Welches Gefühl herrscht jetzt vor nach dem Rollen-„Spiel"? Welches war es zu Beginn?
> Welche Marta war im Raum? Was verstehe ich von ihrem Anliegen? Von ihren Worten? Wo ist für mich Unverständliches, Fremdes? Kenne ich Ähnliches aus meiner eigenen Erfahrung?
> Was ist mir über die Rolle/das Anliegen der biblischen Marta deutlich geworden?
> Welche Beziehungen waren entscheidend für Prozesse? (evtl. im Raum stellen)
> Wohin führte mich persönlich das Hineingehen in die Rolle?
> Was war ermutigend, anregend für mich? Was möchte ich noch besser verstehen?

Bedeutsam ist bei der Methode auch, dass nicht einfach nur das Erlebnis als Rollen-Ich gemacht wird, sondern dass es durch die Auswertung auch zur „Erfahrung" wird, d.h. zum gedeuteten Erlebnis, das ich in Beziehung setzen kann zu bisher Erlebtem und Geglaubtem und das Perspektiven eröffnet für das eigene Leben.

### Wozu dient die Methode?

Vor allem in der Bibliodrama-Arbeit dient diese 4-Schritt-Methode dazu, eine Rolle zu erleben und sich einer Figur der biblischen Geschichte anzunähern, bevor sie ins Spiel kommt. Innerhalb einer erfahrungsbezogenen Bibelarbeit kann diese Form nach einer Textarbeit einer persönlichen Aneignung und Vertiefung dienen.

Sehr klar trennt die Methode in den ersten beiden Schritten Fremderfahrung (Was sagt die Bibel?) von der Eigenerfahrung (Was stelle *ich* mir vor?) So wird bei der Auslegung nicht ständig Eigenes als Textbotschaft in den Bibeltext hinein- und wieder herausgelesen, sondern es bleibt offen, wohin die „Botschaft" gehört. Beim dritten Schritt verschmelzen Fremd-(Bibel-)erfahrung und Eigen-(Lebens-)erfahrung zu einem Ineinander, einer Aktualisierung in die konkrete Situation. Damit lebt Botschaft heute auf in einmaliger Weise (die sich immer auch vom Damals unterscheidet, trotz Dialog zwischen Vergangenheit und Gegenwart).

### Mögliche Gefahren und Grenzen der Methode

In vielen Gruppen und bei vielen Leiter/innen ist oft große Lust da, sich in der Rolle zu erleben, aber oft fällt es Leitung und Gruppe dann schwer, das Erlebte auch zu ordnen und einzuordnen. Häufig wird nur gefragt: Was habt ihr erfahren? Anschließend wird dies einfach (wahllos) mitgeteilt, ohne es zueinander, zum Text oder zum eigenen Leben in Beziehung zu setzen und zum Impuls werden zu lassen.

### Praxisbeispiele

DIE MARIA-MARTA-GESCHICHTE, LK 10,38-42

*1. Schritt: Was wissen wir über Marta?*

Die Gruppe trägt zusammen: Sie ist Gastgeberin Jesu auf seinem Weg nach Jerusalem, hat eine Schwester, die Maria heißt, hat alle Hände voll zu tun (mit der Bewirtung), spricht Jesus, nicht ihre Schwester an, um sie zur Mithilfe zu bewegen: Sag ihr, sie soll ...

*2. Schritt: Was phantasieren wir über Marta?*

Die Leitung richtet folgende Fragen an die Teilnehmer/innen: Wie alt ist Marta? Wie stelle ich sie mir vor? Wie ihre Geschäftigkeit? Wie als Hausherrin? Wie ihre Beziehung zu ihrer Schwester? Was schätzt sie wohl an Jesus? Wenn er kommt, dann möchte sie... Was macht ihr vielleicht zu schaffen?

### 3. Schritt: Sei Marta!

Der/die Leitende regt an: Geh in die Haltung der Maria, ihr Tun, bevor sie mit Jesus spricht. Was bewegt dich jetzt, Marta? Wie ist das gekommen, dass du dich so ärgerst? Wie ging das denn bisher? Was wünschtest du dir denn? Wie könnte es sein? Wie siehst du denn deine Schwester? Was glaubst du, wie sie die Sache selber sieht? Und Jesus? Wie sieht er es, und wo steht er? Verstehst du das? Wie könntet ihr denn möglicherweise weiterkommen?

## DIE KANAANÄISCHE FRAU, MT 15,21-28

### 1. Schritt: Was wissen wir über die Frau?

Die Gruppe trägt zusammen: Sie ist Heidin, die kanaanäische Kulte pflegt, aber etwas vom jüdischen Glauben weiß: Sie redet Jesus mit einem jüdischen Hoheitstitel, „Sohn Davids", an. Sie hat eine Tochter, die „besessen", also psychisch krank ist. Sie ist hartnäckig, sie bittet, sie widerspricht. Sie wirft sich vor Jesus nieder. Das tun im Matthäus-Evangelium nur Jünger/innen oder Glaubende.

### 2. Schritt: Was phantasieren wir über sie?

Die Leitung richtet folgende Fragen an die Teilnehmer/innen: Wie alt stelle ich sie mir vor? Wie alt ist wohl ihre Tochter? Wie lebt sie zu Hause mit ihrer kranken Tochter? Was empfindet sie möglicherweise an der Situation als ganz schlimm? Womit kann sie dagegen (gut) leben? Wie kommt sie auf den Gedanken, zu Jesus zu gehen?

### 3. Schritt: Sei die kanaanäische Frau!

Der/die Leitende regt an: Als kanaanäische, heidnische Frau, gehst du heraus aus dem Gebiet, in dem du wohnst, um dorthin zu gehen, wohin sich Jesus zurückgezogen hat. Was bewegt dich jetzt auf dem Weg? Welche Gedanken gehen dir durch den Kopf? Welche Gefühle sind da? Einerseits... andererseits... Was willst du von ihm? Wie ist das mit deiner Tochter zu Hause? Erzähl doch etwas davon... Was macht dir daran am meisten zu schaffen? Was wäre, wenn sie heil würde? – Und warum glaubst du, dass Jesus sie heilen kann? Woher weißt du von ihm? Was willst du jetzt konkret tun, wenn du ihm gleich begegnest? Und wenn er nicht heilen kann oder nicht will?

# 9 Szenisches Lesen

**Die Raumanordnung und -bewegung eines Textes wiedergeben und darin das Bewegende der Botschaft erfahren**

## Beschreibung der Methode

### 1. SCHRITT: DEN TEXT ROLLENVERTEILT LESEN UND DIE RAUMBEWEGUNG SICHTBAR MACHEN

Der Text wird rollenverteilt gelesen. Zusätzlich machen die Teilnehmer/innen in ihren Rollen durch die Nachvollziehung der Raumbewegungen des Textes die inneren Bewegungen des Textes sichtbar. Es handelt sich also nicht um ein freies Rollenspiel, sondern nur um den Bibeltext, der im Körperausdruck, in Haltungen, Gesten, Raumbewegungen sichtbar wird. Alle nachvollziehbaren Gesten und Bewegungen des Textes (z. B. oben – unten, Distanz – Nähe, aggressiv – annehmend) werden ausgedrückt. Die Teilnehmer/innen, die keine Rolle beim Szenischen Lesen übernommen haben, sehen genau hin und hören genau hin, wo und wie sich das Textgeschehen vollzieht. Sie lesen nicht selbst im Text mit.

### 2. SCHRITT: DEN ABLAUF WIEDERHOLEN

Manchmal empfiehlt es sich, im Anschluss an das Szenische Lesen die Bewegungen des Textes in ihrer Abfolge gleich noch einmal wiederholend in den Raum zu stellen, um durch die Wiederholung den Gesamt-Ablauf der Bewegung vom Anfang bis zum Schluss noch besser nachzuvollziehen. Die Bewegungen werden stumm gespielt.

### 3. SCHRITT: AUS DER ROLLE HERAUSTRETEN UND REFLEKTIEREN

Die Teilnehmer/innen treten bewusst aus den Rollen heraus. Im Anschluss daran trägt die Gruppe zusammen: Was haben wir gesehen an Bewegendem? Was haben wir gehört? Von wo nach wo hat der Text seine Adressaten zu bewegen versucht? (Mit wem und was fängt er an? Mit wem und was hört er auf?). In welchen Dimensionen (oben – unten, weg – zusammen) bewegt sich das Geschehen? Wozu bewegt uns der Text?

### WEITERER MÖGLICHER SCHRITT: GEDANKEN UND GEFÜHLE EINBEZIEHEN

Dieser Schritt stellt eine Ergänzungsmöglichkeit dar. Er kann sinnvoll nach dem ersten Szenischen Lesen eingesetzt werden, bei dem nur der Text wiedergegeben wurde: Hinter die Akteure, die wieder nur das Textgeschehen darstellen, können sich andere Gruppenmitglieder dazustellen, welche die „Gefühle" und

„Gedanken" der biblischen Personen wiedergeben, die sie bei ihnen vermuten. Es sind also unsere eigenen Projektionen, die wir in die Geschichte beim Lesen hineinlegen. Sie werden bei dieser Methode sichtbar gemacht und getrennt vom Text gesehen. Im Vordergrund nehmen wir die Textebene wahr; im Hintergrund wird unsere Gefühls- und Erfahrungsebene sichtbar. Nach kleinen Sinnabschnitten (1–3 Versen) wird die Lesung jeweils durch die Leitung gestoppt, und es wird eingeladen zur Äußerung der „Gedanken" und „Gefühle" der biblischen Personen: „Stop! Ich denke oder fühle als Petrus, als Jakob, als Sara...". Diese Variante kommt besonders zum Einsatz bei gefühlsmäßig vorbelasteten Texten, bei denen damit zu rechnen ist, dass viele Vorurteile schon ins Verständnis des Textes eingetragen werden, oder bei Texten mit starken Gefühlsregungen oder bei solchen, bei denen (Ab-)Wertungen von biblischen Personen schon im Spiel sind (z. B. bei der Geschichte von der Sünderin, Lk 7,35ff oder beim Gleichnis vom Pharisäer und Zöllner).

**Wozu dient die Methode?**
Das Szenische Lesen (ohne die Ergänzung durch eigene Projektionen) ist eine Methode der Texterarbeitung. Sie bleibt im Gegensatz zum freien Rollenspiel, bei dem wir viel Eigenes in den Text eintragen, beim Text und seinen Strukturen, seinen Bewegungen, seinen Räumen. Sie macht sehr gut Textzusammenhänge und vor allem Entwicklungen und Beziehungen von Personen sichtbar. Oft zeigt sie unmittelbar, wohin uns ein Text bewegen will, allein dadurch, dass wir uns im wörtlichen Sinn den Text vor Augen stellen. Diese Form eignet sich auch gut als Einstieg in ein Bibliodrama.

**Mögliche Gefahren und Grenzen der Methode**
Bei der Ergänzungsmöglichkeit durch eigene Gedanken und Gefühle muss die Leitung kompetent genug sein, Menschen zu begleiten, bei denen etwas Inneres aufbricht, und ihnen bei der Aufarbeitung hilfreich zu sein. Häufiger aber besteht die Gefahr, dass Leiter/innen nicht mit den Teilnehmer(inne)n auswerten können, welcher Art ihre eigenen Projektionen im Vergleich zum Text sind. Bei der Ergänzungsmöglichkeit können die subjektiven Äußerungen von Teilnehmer(inne)n manchmal auch als Textbotschaft missverstanden werden.

**Praxisbeispiel**
DER GESTOHLENE SEGEN, GEN 27
Rollen: Isaak, Rebekka, Esau, Jakob. Die Ausgangsposition zeigt eine Beziehung zwischen Vater und Erstgeborenem, sowie eine ebensolche zwischen Mutter und Zweitgeborenem, wobei letztere sich durchsetzt, weshalb folgerichtig der Text mit dieser endet. Also entwickelt sich das spannungsreiche Geschehen auf diese Konstellation zu. Gut sichtbar wird beim Szenischen Lesen des Textes

auch, wie die Veränderungen im Familiengefüge geschehen können: Der Patriarch gibt den Segen nicht einfach, sondern profitiert noch einmal von seinem Privileg, indem er sich gut mit einem leckeren Mahl versorgen lässt (er bewegt sich nicht, aber alle auf ihn hin und um ihn herum). Der dadurch eintretende Aufschub birgt auf der Seite der Privilegierten (Sippenoberhaupt und Erstgeborener, dem der Segen „zustehen" soll) die Gefahr und auf der Seite der weniger Bevorzugten die Chance. Die absolute Hörigkeit Jakobs auf Rebekka hin kommt in den Gesten sehr gut zum Ausdruck. Auch beim Vater tut er nur, was ihm gesagt wird (von ihm oder ihr).

Fast alle Impulse im Text gehen nur von Rebekka aus. Sie will auch die Folgen tragen (den Fluch Gottes). Selbst am Schluss merkt sie wieder am schnellsten die Mordabsichten Esaus und weiß wieder die Lösung, der Jakob folgen soll: die Flucht zu ihrem Bruder. Esau bewegt sich zunächst nur vom Vater her und auf den Vater zu. Als ihm der Vater aber nichts mehr zu geben hat, lebt er zwar seine (mörderische) Aggression gegen den Bruder (eigenständig?), aber auch dann wendet er sich nicht gegen den Vater. Am Ende des Textes stehen alle Familienmitglieder isoliert da: Jakob ist auf der Flucht. Rebekka, die alles für ihren Lieblingssohn tat, bleibt allein zurück, entfremdet vom Mann, den sie hinterging und ausspielte, entfremdet vom ersten Sohn, den sie hintansetzte, indem sie dazu anstiftete, ihn seines Rechtes zu berauben. Esau ist draußen, vom Vater im Stich gelassen (der an der Regel „klebt" und nur einen Segen vergibt), von der Mutter hintergangen, vom Bruder hinterrücks ausgestochen. Isaak ist blind und kann kaum mehr jemand trauen: nicht der Frau, nicht dem jüngeren Kind; den Erstgeborenen, der ihm nahe stand, hat er enttäuscht und durch seine Unachtsamkeit und Starrheit dessen beraubt, was er ihm hätte mitgeben können. Folgerichtig fällt das Familiengefüge auseinander (Jakob flieht, Esau geht später weg). Das birgt trotz schmerzhafter Prozesse die Chance zur Neu- und Weiterentwicklung.

# II. ZUGÄNGE DURCH AKTUALISIERUNG

# 1 Interview – Fragegespräch

Unsere aktuellen Fragen an biblische Personen und ihr Verhalten herantragen

## Beschreibung der Methode

Das Interview als eine Form der Befragung kennen wir vor allem aus den Medien, aus Zeitschriften und dem Fernsehen und dem Rundfunk. Ein/e Reporter/in befragt (einen) Menschen zu einem *Sachverhalt* als Zeugen oder um seine *Meinung* oder zu seiner *Person*, seinen Erfahrungen, seinem Wissen, seiner Beurteilung einer Situation oder von Menschen. Das Interview ermöglicht uns, die wir es lesen oder hören, von jemandem eine authentische Stellungnahme zu erhalten. So hören wir subjektiv, das heißt, aus der Sicht des/der Interviewten. In dialogischer Form fühlen wir uns mehr einbezogen in das Geschehen.

Die Kunst des/der Interviewenden besteht darin, *die* Fragen zu stellen, die das Interesse der Hörer/innen bzw. Leser/innen treffen, die *ihre* Fragen sind oder sie so durch die Fragen zu führen, dass es ihre werden und sie gleichzeitig auch die Antworten wirklich hören wollen. Wenn es gelingt, durch die Art der Fragen die Hörer/innen bzw. Leser/innen so zu beeinflussen, dass sie selber zu den Fragenden werden, so werden sie auch aufmerksam die Antworten bzw. die in ihnen vermittelte Botschaft oder Information hören. Oft genug nämlich erfahren wir, dass Antworten gegeben werden auf Fragen, die keiner gestellt hat, oder dass Fragen gestellt werden, die einen nicht locken.

So muss sich der/die Interviewende auch sehr bewusst sein, auf welcher Ebene er/sie die Fragen stellt: auf der Verstandesebene (Information), auf der Gefühlsebene oder der spirituellen Ebene.

Für das Interview als einem Zugang zu biblischen Texten gelten die gleichen Bedingungen. In der Regel wird eine biblische Person, die im Text vorkommt, interviewt oder der Verfasser des Textes, selten auch ein Gegenstand (z. B. was das Grab über die Auferstehung Jesu zu erzählen weiß, der stehengelassene Krug über die Begegnung der Samariterin mit Jesus...). Für das Interview kann eine damalige Befragung zugrunde gelegt werden oder – was häufiger ist – ein(e) heutige(r) Befrager(in) eingeführt werden, der/die Fragen aus der Sicht der heutigen Menschen bzw. Glaubenden stellt.

### WICHTIGE ASPEKTE FÜR DAS INTERVIEW MIT BIBLISCHEN PERSONEN

❯ Die Fragen knapp und klar formulieren (nicht langatmig) und möglichst ohne viele Nebensätze.

❯ Die Fragen am Stand des Wissens und am Interesse der Teilnehmer/innen orientieren.

❯ Die Ebene, auf die die Teilnehmer/innen geführt werden sollen, bewusst wählen:
*Wissensebene*: historische Fragen („Wie war das damals...? Welches Umfeld...? Wie hing das und das zusammen?")
*Persönliche Erfahrungsebene*: Was hast du (die biblische Person) dabei gedacht, gefühlt, erfahren...?
*Reflexionsebene*: Wie siehst du (die biblische Person) die Zusammenhänge? Wie denkst du darüber? Wie lässt sich ... bewerten/verstehen? Was hätte... Was würdest du uns aufgrund deiner Erfahrung raten?

❯ Mit den Fragen in die Tiefe führen, eine Linie verfolgen, z. B.:
von oberflächlicheren Fragen zu tieferen führen, von „objektiven" zu subjektiven und persönlichen, von verstandesmäßigen zu gefühlsmäßigen und seelisch ansprechenden Fragen;
überlegen, womit das Interview beendet werden soll. Was soll am Schluss als besonders einprägsam stehen bleiben?

## FORMEN DES INTERVIEWS

❯ Ein(e) Leiter(in) interviewt eine(n) oder mehrere andere(n) in der Rolle einer biblischen Person. Fragen und ungefährer Antwortverlauf sind abgesprochen. Diese Form eignet sich oft als Einstieg in eine Bibelarbeit. So werden die Teilnehmer/innen mit den Themen des Textes „warm", entwickeln Fragen, werden durch die Antworten zu eigenen Fragen an den Text und einer Stellungnahme herausgefordert. Auch an anderen Stellen innerhalb einer erfahrungsbezogenen Bibelarbeit ist dieser Zugang möglich.

❯ Der/die Leiter/in interviewt eine Kleingruppe oder die gesamte Gruppe, die in der Rolle einer biblischen Person antwortet.

❯ Eine Untergruppe des Bibelkreises interviewt eine oder mehrere andere Untergruppen, die aus der Sicht einer biblischen Person antworten.

### Wozu dient die Methode?

Oft sollen durch das Interview die Teilnehmer/innen einer Bibelarbeit motiviert werden, sich auf das Textgeschehen einzulassen, Fragen zu entwickeln, Stellung zu beziehen. Über das vorbereitete Interview können auch gut Informationen und Hintergrundwissen, die gegeben werden sollen, besser vermittelt werden, weil wir uns in dialogisches Geschehen besser einbezogen fühlen und die darin enthaltenen Informationen besser aufnehmen. Da ist für die Teilnehmer/innen gut spürbar, ob die „biblische Person" nur Statist ist für Wissen, das die Leitung „an den Mann oder die Frau" bringen will oder ob noch eine Nichtverfügbarkeit und Offenheit besteht, dass die Rolle nicht nur als Träger einer bestimmten Botschaft zu sehen ist.

Neben dem Interview, das Wissen vermittelt, kann und soll eine „persönliche" Befragung einer „biblischen Person" die Teilnehmer anregen, sich selbst in die betreffende Person hineinzuversetzen und so Stellung zu beziehen oder sich durch das Einfühlen für das Geschehen selbst zu öffnen. In der Regel führt ein Interview durch das Interaktionsgeschehen von Frage und Antwort zu einer angeregten Diskussion. Der wichtigste Effekt des Interviews ist: Im Interview werden Fragen gestellt, das heißt wir werden in etwas Offenes, in eine Bewegung hineingenommen. Kaum eine Antwort oder Botschaft wird gehört, ohne dass uns eine Frage zu ihr hinführte. Ein gutes Interview leistet diesen Dienst.

### Mögliche Gefahren und Grenzen der Methode

Die Art der Fragen des/der Interviewenden lässt erkennen, wohin er/sie die Befragten führen will: zur Ausmalung einer Situation, zum tieferen Wissen oder Spüren. Wenn ein Interview nur „aus dem hohlen Bauch", also unvorbereitet geführt wird, dann mag die Methode immer noch gut ankommen, aber sie erschließt dann oft nicht das Textgeschehen und bewegt uns nicht auf eine Botschaft hin und auf ein entsprechendes Handeln im Leben. Wenn das Interview nur reißerisch aufgemacht ist, damit die Lacher auf der Seite des Interviewenden sind, dann hat die Show ihren Effekt im Augenblick schon dahin, dann bleibt das gemeinsame Tun an der Oberfläche. Wenn die Fragen keine Linie haben und in den Ansprech-Ebenen und Themen zu sehr durcheinandergehen, fällt es den Hörer(inne)n schwer, die Dinge für sich zu sortieren und sich einzulassen (z. B. mal Reflexions-Ebene, mal Erfahrungs-Ebene). Sie sind auch irritiert und häufig blockiert, wenn die Perspektive des Fragens wechselnd einmal die damalige Zeit und einmal die heutige Zeit ist. Angaben zu Beginn des Interviews, welche Situation zugrunde gelegt wird, helfen den Teilnehmer(inne)n zur Orientierung, ermöglichen ihre Mitwirkung und geben den Rahmen, der nicht verlassen werden sollte.

### Praxisbeispiele

INTERVIEW MIT ABRAHAM NACH DER GEBURT ISAAKS, GEN 21,1-8

INTERVIEWER: Meinen Glückwunsch zur Geburt Ihres Sohnes Isaak. Da haben Sie ja wirklich etwas zu lachen, unglaublich! Was sagen Sie denn dazu?

ABRAHAM: Ja, mir ist wirklich oft nach Lachen zumute. Ich freue mich unbändig. Der Name, den ich meinem Sohn gegeben habe, ist ja auch Isaak – Gott lächelt / Gott lacht. So stelle ich mir das jedenfalls vor. Manchmal denke ich immer noch: Das ist alles nicht wahr, das träumst du nur. Aber es ist ja Realität. Und ich sehe nun auch deutlicher die Spuren im Leben, die dorthin führen.

INTERVIEWER: Welche Spuren – welchen roten Faden sehen Sie im Leben, der damit zusammenhängt? Sind das auch die sogenannten Verheißungen, die Sie immer wieder gehabt haben sollen?

ABRAHAM: Spuren waren viele Fügungen, z. B. dass wir aus Notsituationen gerettet wurden wie damals in Ägypten, als die Situation lebensgefährlich war, dass wir bei aller Unsicherheit fast nie das Vertrauen, dass es einen Weg gibt, verloren haben, ja und vor allem die Verheißungen Gottes, die immer wieder die Zukunft eröffneten und Lebensraum ermöglichten.

INTERVIEWER: Was ist das, eine Verheißung?

ABRAHAM: Eine Zusage, ein Geschmack auf der Zunge, eine Glaubensgewissheit, etwas das von Gott auf die Zukunft verweist: „Du hast etwas Gutes, Großes vor dir. Dein Leben wird sich erfüllen. Deine Sehnsucht wird ihr Ziel finden." Ich kann nicht sagen, genauso und nicht anders hat Gott es gesagt. So und so wird es eintreffen, wie vorhergesagt. Ich wusste eben nicht, wie sich alles zum Guten wenden würde, aber ich glaubte es immer wieder. Es war wie eine immer wiederkehrende Zusage.

Die gleichen Lebensfragen kommen dazwischen auch immer wieder, die Zweifel, dass alles eben auch ganz sinnlos sein könnte. Und die Verheißungen kehrten wieder, die mir Geduld und Zuversicht gaben, wo ich sie vorher nicht hatte.

INTERVIEWER: Was waren denn die Fragen, die Sie beschäftigten und die Zweifel?

ABRAHAM: Na ja, die Fragen, die die meisten Menschen wahrscheinlich auch haben: Finden meine Familie und ich einen Lebensraum, in dem wir eine Zukunft haben, der uns leben lässt und Entfaltung ermöglicht? Und natürlich wie bei uns allen: Für eine Zukunft brauchten wir Kinder, damit etwas von uns weiterlebt und auch damit wir im Alter jemand haben, der für uns sorgt. Und da Töchter aus dem Haus gehen mit ihrer Heirat, brauchten wir einen Sohn. Wir glaubten Gottes Verheißung, aber je länger sich nichts tat, um so unsicherer waren wir, dass wir nur unseren eigenen Wünschen folgten und sie für Gottes Zusagen hielten. Sara und ich lebten in der Zeit unserer Kinderlosigkeit nur belastet, taten alles, um aus der Misere herauszukommen. Wir dachten, wir hätten das Unsere nicht dazugetan, und die Sache mit Hagar und Ismael sollte alles zu einer Lösung führen. Aber gerade, wenn du denkst, jetzt ist alles gut, die Zweifel hören auf, dann kommen sie wieder: War es das, was gemeint war? Ist da noch anderes? Die Zweifel treiben dich weiter. Sie sagen: Du hast dich getäuscht, dir alles so vorgestellt, wie du es haben wolltest. Aber die Verheißung kommt wieder, trotzdem, und sie lockt, und du hoffst wieder neu.

INTERVIEWER: Ach, ich erinnere mich an dein ungläubiges Lachen auf Gottes

Verheißung, dass du von Sara einen Sohn bekommen solltest nach der Geburt Ismaels ...

ABRAHAM: Ja, daran erinnere ich mich genau. Ich habe nur noch ungläubig lachen können, als sich die Zusage so hartnäckig wiederholte, obwohl nichts im Leben mehr dahin gehen konnte. Biologisch konnten wir keine Kinder mehr bekommen. Damals habe ich etwas ganz Wichtiges für mein Glaubensleben gelernt, das mich frei gemacht hat: Gott verlangt nicht einfach blinden Gehorsam, er hält es gut aus, wenn du nur noch lachen kannst, weil du nichts mehr glauben kannst. Und er ist so versucht – das verstehe ich jetzt – am Ende doch noch ein Lachen daraus zu machen. Was ich aber noch immer nicht verstehe, ist: Warum so spät, ein solcher Weg der Irrwege, der Kämpfe, der Unsicherheiten?

INTERVIEWER: Das bringt mich noch zu einer Frage, einer Abschlussfrage: Wenn Sie so auf Ihr bisheriges langes Leben zurückschauen: Wer ist Gott für Sie? Als wer hat er sich in Ihrem Leben gezeigt und herausgestellt?

ABRAHAM: Zuerst und vor allem war er immer ein *Mitgeher-Gott*. Nicht ich musste zu bestimmten Orten, um ihm zu begegnen. Er war immer und bei allem dabei, hat *uns* begleitet. Nichts im Leben war davon ausgenommen. Zum zweiten habe ich ihn immer in seinem *Segen* erfahren, in einer Kraft, die uns gegeben war, die Dinge ins Lot brachte, die uns das Lebensnotwendige gab, Nachkommenschaft, Nahrung, Gelingen, Hoffnung... Damit verbunden waren die *Verheißungen*, Zusagen, die uns immer wieder vertrauensvoll in die Zukunft gehen ließen, dass sich alles zum Guten wenden werde, dass wir Lebensraum und -zeit vor uns hatten.

Dann erlebten wir uns oft genug in den Gefährdungen des Lebens *behütet und beschützt*, so dass wir auch aus selbstverschuldeten Wirrnissen wieder herausfanden. Und wir erfuhren seine *Treue*, dass er uns immer seinen *Bund* bewahrte, sich uns verband und nicht gebunden an unsere oft unzuverlässige Antwort, immer wieder Wege eröffnete. Aber schließlich war er auch immer *der von uns nie Verstehbare*, der meist andere Wege zum Heil fand als wir sie uns vorstellten und vorstellen konnten. Das ersparte uns nicht Leid und Qual und Ringen und mühsame Wege. Von hinten her erleuchtet sich für uns erst der Weg. Und manches müssen wir auch einfach so annehmen, glauben. Spannend ist das.

INTERVIEWER: Danke für Ihre aufrichtigen, persönlichen Antworten. Alles Gute für Sie.


INTERVIEW DER MENSCHEN, DIE IM HAUS SIMONS WAREN, LK 7,35-80

*Fragen an einen der Gäste des Simon nach Jesu Besuch*

❯ Was haben Sie von der ganzen Sache wahrgenommen? Was ist passiert?

> Was war für Sie das Wichtigste von dem, was Sie verstanden haben oder was Sie berührt hat?
> Gibt es etwas, was Ihnen noch Fragen bereitet? Bewegt Sie noch etwas?

*Fragen an Simon nach Jesu Besuch*
> Wie geht es Ihnen jetzt?
> Erzählen Sie doch: Was war am Anfang der Begegnung in Ihnen da? Hat sich da etwas verändert?
> Was war mit der Frau, der „Sünderin"?
> Was geht Ihnen jetzt noch nach?
> Wie haben Sie Jesus erlebt? Was für ein Mensch ist er?
> Haben Sie jetzt einen Eindruck, was seine Hauptbotschaft von Gott ist? Fanden Sie etwas problematisch?
> Wissen Sie, wie es weitergeht jetzt nach der Begegnung, mit Ihnen und möglicherweise mit Jesus?

*Fragen an die Frau nach der Begegnung mit Jesus im Haus des Simon*
> Was hat Sie bewogen, in das Haus des Simon zu gehen? Und wie war das, da hineinzugehen?
> Was waren das für Gefühle und Gedanken, die Sie dazu gebracht haben, Jesus die Füße zu beweinen, zu trocknen und zu salben?
> Wie war die Begegnung mit ihm? Was nehmen Sie daraus mit?

# 2 Gegenüberstellen

### Die biblische zu einer heutigen Szene in Beziehung setzen

**Beschreibung der Methode**

Nach einem Rollengespräch oder -spiel zu einem biblischen Text und mit Rollen aus der Bibel (zur Beschreibung der Methode siehe oben das Kapitel „Rollen-Gespräch") findet ein Rollengespräch oder -spiel zu einer ähnlichen Problematik oder Thematik im Milieu heutiger Menschen statt. Also werden der Umgang von Personen im Bibeltext und unser eigener in einer aktuellen Situation einander gegenübergestellt. Beide Gespräche werden in gleicher Weies nacheinander reflektiert, z. B.: Wie agierten die Personen? Wohin wollten sie und wohin wurden sie geführt? Welche Gesichtspunkte des Gesagten bewegen uns am meisten? Deutet sich eine Richtung an, in die es gehen soll?

Da fast alle Texte ganz verschiedene Themen oder Probleme beinhalten, ist es wichtig zu entscheiden, welches der Themen für die biblische und heutige Szene gewählt wird. Häufig ist es das Hauptmotiv des Textes oder ein Thema, das den Teilnehmer/innen besonders nahe ist. Die Aktualisierung in einer heutigen Szene, die zur biblischen gestellt wird, bringt oft ganz neue Aspekte der Bibel ins Spiel, die bisher bei der Textarbeit allein nie gesehen wurden. Die Beziehungen zwischen Text- und aktueller Situation werden bei jeder Gruppe je eigene sein, die sie selbst herausarbeitet.

Die Methode wird in der Praxis selten verwendet, weil sie zeitaufwendig ist und eine Gruppe braucht, die sich traut, Dinge zur Sprache zu bringen. Und es erfordert eine Leitung, die gut mit den Teilnehmer/innen auswerten kann.

**Wozu dient die Methode?**

Oft ist die Auseinandersetzung mit Bibeltexten nicht sehr bezogen auf das heutige Leben der Menschen. Der Text wird überwiegend im Blick auf das Damals ausgelegt, historisch-kritisch erforscht oder auf der anderen Seite sehr subjektiv interpretiert: Was sagt der Text mir?

Bei der vorliegenden Methode stehen Text und Eigenerfahrung nebeneinander. Das dient der Klarheit: sie hilft, beides auseinander zu halten und doch auf Beziehungen zu achten. So bleibt eine (fruchtbare) Spannung zwischen beiden: der Text wird von uns nicht einfach vereinnahmt und verzweckt und wir übertragen nicht ohne weiteres unsere eigenen Erfahrungen auf den Text. Aus dem Text können Anregungen für heute erwachsen und Einsichten in das Hintergründige des Textes können sich aus der Aktualisierung ergeben.

## Grenzen und mögliche Gefahren der Methode

Man sollte sich selbst als Leitung und auch die Gruppe nicht unter zu starken Leistungsdruck setzen und erwarten, dass der Text die heutigen Fragen allesamt zu beantworten hat. Eine mögliche Gefahr liegt bei diesem Zugang darin, dass beide Szenen nebeneinander stehen und sich verselbständigen z. B. durch Nebenthemen. Das hätte zur Folge, dass guter Dialog zwischen beiden geführt werden könnte.

### Praxisbeispiele

#### DIE HEILUNG DES GELÄHMTEN, MK 2,1-12

Bei einer Bibliodrama-Tagung zur Erzählung von der Heilung des Gelähmten, Mk 2,1-12, vergegenwärtigten wir uns im Rollenspiel die zunächst aussichtslose Lage der Träger und des Gelähmten, angesichts der Menschenmenge zu Jesus durchzukommen: Es drängen sich Menschen vor der Tür des Hauses, in dem Jesus ist, und wollen auch noch hinein oder etwas hören. Da kommen die Träger mit dem Gelähmten und kommen nicht durch, nicht zu ihrem Ziel, ihn zu Jesus zu bringen. Sie versuchen es, aber es geht nicht. Die Szene wird aus der Sicht der drängenden Menschen, der Träger, des Gelähmten betrachtet.

Schließlich fragen wir uns, ob die Szene uns nicht auch an solch aussichtslose Lagen erinnert, in denen wir selbst an etwas nicht herankamen, was wir brauchten, in denen etwas aussichtslos war, es zu erreichen... Eine stille Einzelbesinnung vertieft die Vergegenwärtigung einer erinnerten Situation, die vor Augen gestellt wird. In Kleingruppen erzählen wir uns von unseren Erfahrungen. Jede Kleingruppe entscheidet sich, welche der aktuellen Lebenserfahrungen der Teilnehmer/innen dargestellt wird in einer Szene. Gemeinsam wird ausgewertet und reflektiert (siehe oben).

Dann betrachten wir im Rollengespräch die ungewöhnliche Tat der Träger: das Dach zu durchbrechen und so doch noch zu Jesus zu kommen. Rollen: die Träger, der Gelähmte, Umstehende, Jesus. Alle sagen, wie sie diese Tat erleben, das Unmögliche möglich zu machen, dem Aussichtslosen eine Chance zu geben: Jesus sieht es als Glaubensakt. Die Umstehenden: eine pfiffige Idee, eine unglaubliche.

Anschließend stellen wir noch einmal eine oder sogar mehrere aktuelle Szenen der Aussichtslosigkeit in den Raum und überlegen gemeinsam, ob wir auch in unserem Fall auf eine Idee außer der Reihe, einen ungewöhnlichen Weg kommen. Meist sagten die Betreffenden, deren Erfahrung wir uns vornahmen: „Nein, das hätte auch nichts gebracht..." Aber die gemeinsame mühevolle Übung ließ uns zusammen lachen, über den üblichen Denkrahmen hinausgehen und wurde so zu einer Erinnerung für den Alltag.

Ein Ehepaar sagte mir nach einiger Zeit: Als wir wieder einen Ehekrach hatten, der so aussichtslos gleich verlief wie der vorige, da fiel uns die Übung vom Bibliodrama wieder ein, und wir schnalzten mit den Fingern und sagten: Wie kommen wir jetzt aufs Dach und durch? Schon das allein brachte uns zum Lachen und erinnerte uns, dass es außerhalb der gängigen Wege noch so manch anderen gibt, und wir suchten danach.

### DIE AUSEINANDERSETZUNG DES PAULUS MIT SEINEN GEGNERN IN DER GEMEINDE VON KORINTH

Dieses zweite Beispiel sei nur kurz angedeutet: Die Auseinandersetzung des Paulus mit seinen Gegnern in der Gemeinde von Korinth vollzieht sich sehr deutlich in der sogenannten Narrenrede, 2 Kor 10-13.

Im Bibelkreis sitzen „Paulus und seine Mitarbeiter" seinen „Gegnern" gegenüber. Beide „Parteien" argumentieren von ihren Standpunkten aus.

Als aktuelles, heutiges Rollengespräch wird entweder eine Auseinandersetzung von zwei Parteien bzw. gegnerischen Gruppen in der Pfarrei dem biblischen Konflikt gegenübergestellt oder eine Auseinandersetzung zwischen zwei „Parteien" in der Kirche, die zu einer aktuellen Frage Stellung beziehen.

Auswertung: Wie gehen die jeweiligen Gruppen als Gegner miteinander um? Welcher Strategien bedienen sie sich? Was wird dadurch aus dem Konflikt?

# 3 Fortschreiben

### Den offenen Schluss einer (biblischen) Erzählung weiterführen

**Beschreibung der Methode**

Nicht wenige biblische Erzählungen enden offen, d.h. sie führen ein Geschehen nicht zu Ende. So schließt z. B. das Buch Jona mit einer Frage Gottes an Jona. Durch eine Frage an die Hörer/innen bzw. Leser/innen oder durch einen Abbruch der Erzählung, nachdem sie eine bestimmte Richtung eingeschlagen hat, sind die Adressat(inn)en gefordert, selbst die Geschichte weiterzuführen: eine Antwort zu geben, Stellung zu beziehen, eine Entscheidung zu treffen, zu handeln. Auch wenn eine Erzählung nicht mit einer Frage oder einem Abbruch endet, kann es da und dort methodisch sinnvoll sein, sie „weiterzuspinnen" und weiterzuerzählen, ausgehend von dem bisherigen Textverständnis. Bei dieser Methode im Rahmen einer Bibelarbeit wird nach der Textarbeit, die wichtige Akzente des Textes und seiner Botschaft erarbeitet, die Gruppe zur Vertiefung dazu angeregt, die Erzählung weiterzuführen. Dazu bietet die Leitung eine der folgenden Alternativen an.

ALTERNATIVEN DER FORTFÜHRUNG

> *Fortschreibung*: Die Gruppenmitglieder schreiben auf einen Bogen Papier ihre je eigene Fortsetzung der Geschichte (z. B. nach der offenen Frage am Schluss, nach dem Aufforderungssatz Jesu ...). Danach werden (nach ca. 15 – 20 Minuten) die entstandenen Texte (auf der Basis der Freiwilligkeit) vorgelesen (und besprochen), in Kleingruppen oder der Gesamtgruppe.

> *Forterzählung*: Mündlich erzählen die Teilnehmer/innen die Geschichte weiter.

> *Weiterspiel*: Wenn die Gruppe im Bibliodrama Textaspekte im Rollenspiel inszeniert hat, kann sie die Fortführung ebenso in Szene setzen. Eventuell kann eine Fortsetzung in Kleingruppen besprochen werden, bevor das (Weiter-)Spiel das Erarbeitete umsetzt.

**Wozu dient die Methode?**

Biblische Texte wollen uns erreichen, fordern, locken, dass wir uns auf ihre Botschaft einlassen. Sie fordern unsere Antwort heraus. Wie oft möchten sie uns zu einer Stellungnahme und zum (veränderten) Handeln bringen!

Die Fortführung einer offenen Geschichte bietet eine der Formen, sich dieser Forderung zu stellen. Sie hilft uns auch, durch unsere eigenen Überlegungen und unsere Weiterführung, uns selbst im Geschehen wiederzufinden und es zu unserem zu machen. Die Fortführung des Textes ist von jedem Einzelnen für sich persönlich zu finden und zum Ausdruck zu bringen.

### Mögliche Grenzen und Gefahren der Methode

Es ist unabdingbar, im Auge zu behalten, dass die Fortführung unsere eigene Geschichte ist und nicht zu verwechseln ist mit der Botschaft des Textes. Es geht um unser eigenes Angesprochen- und Berührtsein. Deshalb ist es auch möglich, dass die Fortsetzung der Geschichte da und dort eine ganz andere Richtung als die vom Text möglicherweise beabsichtigte nehmen kann.

### Praxisbeispiele

#### DIE SCHLUSSFRAGE DES JONA-BUCHES

„Gott aber fragte Jona: Ist es recht von dir, wegen des Rizinusstrauches zornig zu sein? Er antwortete: Ja, es ist recht, dass ich zornig bin und mir den Tod wünsche. Darauf sagte der Herr: Dir ist es leid um den Rizinusstrauch, für den du nicht gearbeitet und den du nicht großgezogen hast. Über Nacht war er da, über Nacht ist er eingegangen. Mir aber sollte es nicht leid sein um Ninive, die große Stadt, in der mehr als hundertzwanzigtausend Menschen leben, die nicht einmal rechts und links unterscheiden können – und außerdem so viel Vieh?"

#### *Mögliche Fortführung*

JONA: Wo kommen wir denn da hin, wenn du, weil es dir leid ist, Unrecht nicht ahndest. Was haben deine Drohungen denn für einen Wert, wenn du sie nicht ausführst (vgl. Jona 4,2f)? Das ärgert mich bis aufs Blut. Was mühe ich mich und renne mir die Hacken ab dafür, dass es dich reut! Bei so einem bisschen guter Absicht von denen!

DER HERR: Dir geht es um die „Sache", mir um die Menschen. Ich liebe sie und will, dass sie leben. Ich möchte nicht, dass sie in ihr Unheil rennen. Ich freue mich über ihre Umkehr und unterstelle ihnen nicht „nur ein bisschen" guten Willen. Ja, ich bin kein Buchhalter, der Soll und Haben ins Lot bringen muss. Ich kann es mir leisten, großzügig zu sein, zu ihnen und zu dir. – Und du: Du bist doch mein Freund, deshalb habe ich dich gebeten, diesen Menschen zu sagen, dass ihr Weg ins Verderben geht, wenn sie die Richtung nicht ändern. Ich habe doch die Warnung ausgesprochen, damit sie sich bekehren, nicht um ihnen die Vernichtung genüsslich vorherzusagen. Freu dich doch mit mir. Du kannst es dir leisten, und du gewinnst neue Freude am Leben. Du hast doch selbst gesehen, dass dich deine Rechthaberei nicht mehr hat leben lassen. Du hast dir den Tod gewünscht!

JONA: Ich glaube, ich ahne, in welche Richtung du mich bringen willst, aber...

WEITERE BEISPIELE

„Dann sagte er zu ihr: Deine Sünden sind dir vergeben. Da dachten die anderen Gäste: Wer ist das, dass er sogar Sünden vergibt? Er aber sagte zu der Frau: Dein Glaube hat dir geholfen. Geh in Frieden!" (Lk 7,48-50)

*Fortführung*: Was denken und sagen Simon, seine Gäste, die Frau und Jesus nach dem Geschehen?

„Aber jetzt müssen wir uns doch freuen und ein Fest feiern; denn dein Bruder war tot und lebt wieder; er war verloren und ist wiedergefunden worden." (Lk 15,32)

*Fortführung*: Geht der ältere Sohn hinein oder nicht? Was antwortet er dem Vater?

„Der Herr antwortete: Marta, Marta, du machst dir viele Sorgen und Mühen. Aber nur eines ist notwendig. Maria hat das Bessere gewählt, das soll ihr nicht genommen werden." (Lk 10,41-42)

*Fortführung*: Was sagt wohl Marta zu Jesus nach diesem letzten Satz?

„Da verließen sie das Grab und flohen; denn Schrecken und Entsetzen hatte sie gepackt. Und sie sagten niemand etwas davon; denn sie fürchteten sich." (Mk 16,8)

*Fortführung*: Wie ging die Geschichte möglicherweise nach diesem ursprünglichen, offenen Schluss des Markusevangeliums weiter?

# 4 Verfremden

**Durch Verändern den biblischen Text besser verstehen**

### Beschreibung der Methode

Der zu erschließende Bibeltext wird entweder ganz (eher selten) oder ab einer bestimmten Stelle umgeschrieben, oft in gegenteiliger Form, also z. B. statt der biblischen Seligpreisungen „Anti-Seligpreisungen", welche die gegensätzliche Haltung ausdrücken: statt der Hungernden werden die Satten gepriesen. Man spricht in solch einem Fall von Verfremdung. Der Text wird so in eine uns fremde Weise umgestaltet. Manchmal wird der Text ab einer entscheidenden Stelle in veränderter Fassung weitergeführt. Die Geschichte nimmt dann z. B. einen anderen Verlauf. Oder eine wörtliche Rede wird in anderer Weise als im Bibeltext ausgeführt.

Der Punkt, der von der Leitung für die Abänderung gewählt wird, ist in der Regel der, bei dem das Geschehen im Bibeltext eine bestimmte, oft unerwartete Wendung nimmt. Wenn wir z. B. den Text entsprechend unserer eigenen Realität und Erfahrung formulieren und gegen den biblischen halten, wird uns oft die besondere Pointe des Textes neu oder von neuem bewusst.

Konkret einsetzen lässt sich die Methode in der Bibelarbeit in verschiedener Weise: Zum einen, indem *die Leitung* eine veränderte Fassung mitbringt und neben die biblische stellt. Sie liest zuerst die verfremdete vor und erarbeitet deren Eigenheiten und dann die des Bibeltextes. Oder es werden beide in der Gruppe im Vergleich bearbeitet nach Akzenten, Ausrichtung, Botschaft. Zum anderen, indem *die Teilnehmer/innen* den Bibeltext (in Kleingruppe/oder Gesamtgruppe) umschreiben. Entweder erhalten sie den Text nur bis zu einem bestimmten Satz und schreiben ihn entsprechend ihrer eigenen Lebensrealität weiter oder sie haben den ganzen Bibeltext vor sich und schreiben dazu ab einer bestimmten Stelle eine Alternativfassung. Oder sie verfremden den ganzen Text z. B. in eine Anti-Fassung.

### Wozu dient die Methode?

Das Verfremden oder Abändern wird als Methode bei Texten eingesetzt, die eine überraschende Wendung nehmen. Uns wird als Verfremdung z. B. eine in unserer Vorstellung gängigere Fassung vor Augen gestellt. So wird die Eigenart der biblischen Wendung um so deutlicher. Des weiteren eignet sich der Verfremdungseffekt bei sehr bekannten Bibeltexten, deren Botschaft wir gar nicht mehr richtig hören können, weil wir sie in- und auswendig zu kennen meinen. Die Abänderung wirkt durch den Charakter des Neuen dem „Überhören" entgegen. Indem ein Kontrast entsteht, wird die Pointe des Textes oft neu sichtbar oder anders verstanden. Die Methode zeigt auch eine gute Wirksamkeit, wenn die Meinung der Teilnehmer/innen stark abweicht von der biblischen Botschaft, z. B. in Bezug auf ihr Gerechtigkeitsempfinden. Die abgeänderte Form, die ihren eigenen Standpunkt wiedergibt, kann ein Angebot sein, das Eigene zu reflektieren und sich von da aus auf das biblische Anliegen hin zu bewegen.

### Mögliche Gefahren und Grenzen der Methode

Bei Gruppen, die sich sehr an dem Wortlaut der Bibel festhalten, die der Heiligkeit und Unveränderbarkeit des Textes eine hohe Ehrfurcht entgegenbringen, eignet sich diese Methode weniger. Sie wird dann oft eher behindern, obwohl sie ja die Textbotschaft eigentlich besonders herausarbeiten will. Die Methode der Verfremdung von Texten wird auch dort keine Früchte für die Textauslegung hervorbringen, wo sie nur angewendet wird, weil es „mal was anderes" und „auf jeden Fall interessant" sein soll. Diese Motivation reicht nicht aus, um zu guten Ergebnissen bei der Texterschließung und Aktualisierung der Textbotschaft für das eigene Leben zu führen.

### Praxisbeispiele

DIE SATANISCHEN SELIGPREISUNGEN
(GEGENTEXT ZU MT 5,3-5)

Selig die Reichen! Denn wer hat, dem wird gegeben: Kredit, Ansehen, Auszeichnungen und Orden. Wer Kapital hat, kann Zinsen und Zinseszinsen erwarten. Sein Name, seine Hobbies, seine Segeljacht und seine Schlösser, seine Ehen und Ehescheidungen bilden die Sensationen in den Illustrierten. Er hat schon das Himmelreich auf Erden! Natürlich ist er nicht so töricht, sein Geld im Sparstrumpf zu verstecken, wo Rost und Motten es zerstören; er hat einbruchsichere Tresore, und seine Guthaben im Ausland sind dem Zugriff der Steuerbehörde und der Inflation entzogen. Wer aber nichts hat, dem wird auch das genommen, was er hat. Die es zu nichts gebracht haben, mögen verhungern oder zugrunde gehen!

Traurig sind wir alle. Auch in den Luxusappartements nisten Ekel und Verzweiflung wie Eulen und Nachtvögel im Gemäuer. Wir leiden an der Not der Welt; denn wir sind immer unzufrieden, weil wir noch mehr haben möchten; weil wir nicht alles haben, was wir uns erträumen. Tröster haben wir genügend: Alkohol, Sex und Drogen. Aber wir wissen auch, dass sie nicht trösten; das Starren in das Nichts quält noch grausamer als die Wohlstandsgicht in unseren Gliedern.

Selig, die Land besitzen! Sie verdienen Millionen, wenn aus ihrem Grundbesitz Baugelände wird. Auf Gewalt verzichten sie nicht. Sanftmütig gehen sie nicht gerade mit ihren Mietern um. Nachsicht trägt nichts ein. Über mein Eigentum kann ich verfügen, wie ich will, mögen andere auch hungern und frieren! Dass mich neulich einer fragte, ob ich auch über die zwei Quadratmeter Erdboden verfügen könne, in die ich einst begraben werde, war eine Unverschämtheit! Über solche Dinge redet man nicht in guter Gesellschaft!

(aus: Franz Mahr, Bibel verfremdet, Verlag Katholisches Bibelwerk, Stuttgart 1972, S. 14–18)

An dem Widerstand, den wir da und dort spüren, können wir einiges wahrnehmen:

> ❯ eine Distanz zum Geäußerten
> ❯ positiv: Was ist mir statt dessen wichtig?
> ❯ Welche Klischees von welchen Gruppen bzw. Menschen spüre ich dahinter?
> ❯ In welche Richtung lenkt mich der Text im Gegensatz zu den Seligpreisungen Jesu?

### GLEICHNIS VON DEN ARBEITERN IM WEINBERG, MT 20,1-16

Nach dem 8. Vers wird der Text geändert. Es wird die Fassung geboten, wie sie nach unserer Vorstellung wohl die ersten Arbeiter erwarten, die den ganzen Tag gearbeitet haben im Vergleich zu den letzten.

### GLEICHNIS VOM SÄMANN, MK 4,1-9

Nach dem 7. Vers wird die Fassung dahingehend verändert, dass alle Mühe nichts gebracht hat, alles umsonst gewesen ist: die Fassung der Schwarzseher und Resignierenden wird zu Ende geführt, nicht wie beim biblischen Gleichnis in einer positiven Wendung fortgeführt.

### GLEICHNIS VOM FESTMAHL, LK 14,15-24

Nach dem Vers 21 wird eine alternative Fassung fortgeführt. Sei es, dass der Hausherr auf weitere Einladungen verzichtet oder dass die überraschend Geladenen sich nicht trauen und ihre Gründe haben zu zögern.

### DIE JONA-GESCHICHTE

Am Ende des 3. Kapitels wendet Gott das angedrohte Unheil nach der Umkehr der Niniviten ab. Es kann eine Fassung geschrieben werden, die es vollstreckt, so wie es sich Jona wünscht. Die Fortschreibung endet mit dem Kommentar Jonas zum Untergang der Niniviten und zum Handeln Gottes.

# 5 | Eigener Standpunkt
Im Raumgefüge des Textes seinen eigenen Standort finden

### Beschreibung der Methode

Der Bibeltext wird gelesen, sehr langsam. Dabei streichen die Teilnehmer/innen Orte und Ortsveränderungen (vor allem Verben) heraus. Gemeinsam werden diese zusammengetragen. Eine Raumanordnung des Textes wird skizziert und dann im Zimmer vergegenwärtigt:

Im ganzen Veranstaltungsraum oder in der Mitte des Stuhlkreises der Teilnehmer/innen werden Personen oder Orten des biblischen Geschehens bestimmte Orte zugeordnet und durch Symbole markiert. Die Personen des Textgeschehens erhalten durch ein Symbol (beschrifteter Namenszettel, Tuch, Reif, biblische Figur) einen Standort im Raum. Die Art der Anordnung wird bestimmt durch Beziehungen von Personen oder örtliche Gegebenheiten im Bibeltext. So wird etwas vom Arrangement und Ablauf des Textes sichtbar.

Anschließend können sich die Teilnehmer/innen an den Ort stellen, von dem aus sie sich – aufgrund ihrer eigenen Lebensthemen – ins Geschehen des Bibeltextes hineinfragen wollen. Sie wählen bewusst ihren Ort, der durch die Nähe zu einer biblischen Person bestimmt ist. Oder sie begeben sich in die Rolle der biblischen Person.

Statt sich selbst an einen bestimmten Platz für den je eigenen Zugang zum Text zu begeben, kann auch ein Symbol an den betreffenden Platz gelegt werden, ein Papier, ein geformtes Tuch, evtl. mit einer speziellen Farbe, das eine bestimmte Haltung zum Ganzen symbolisiert, oder ein anderes Symbol, das für den/die Teilnehmer/in passend erscheint.

In seltenen Fällen empfiehlt es sich, bestimmte Orte zur Stellungnahme vorzugeben, z. B. eine Außensicht des Geschehens und eine Innensicht, das äußere Verhalten der Gegner Jesu in Mk 3,4 (Schweigen) und ihre inneren Gefühle oder Gedanken. Zum Schluss bietet sich eine Auswertung an.

### Wozu dient die Methode?

Wenn ich mir den eigenen Standort im Textgeschehen suchen muss, von dem aus ich das Ganze in den Blick nehme, werde ich dazu angehalten, selbst Stellung zu beziehen, mich zu dem Geschehen in Beziehung zu setzen und dadurch auch zu erfahren, was es mich angeht. Es wird so deutlich, von welchem Standpunkt aus wir uns in den Text einlassen oder auch nicht. Es wird so ein guter Dialog zwischen unserer eigenen Auffassung und den Motiven, Handlungen und Worten des Textes möglich.

## Mögliche Grenzen und Gefahren der Methode

Nach meiner eigenen Erfahrung haben manchmal eher „verkopfte" oder überwiegend analytisch-reflektierend arbeitende Menschen Schwierigkeiten, sich durch ein Symbol oder eine eigene Standpunktwahl einzubringen. Ebenso fällt diese Form einer methodisch völlig ungeübten Gruppe eher schwer. Die Teilnehmer/innen fühlen sich dann unsicher: „Wie soll das gehen? Das weiß ich doch nicht, welchen Standpunkt ich zum Geschehen des Textes habe."

## Praxisbeispiele
### EXODUSGESCHICHTE

Die Leitung legt in der Mitte gestaltete Tücher: für Ägypten (grünes langes Tuch und blaues Band für Nil), für „Meer" (blaues Tuch), für Wüste und Sinai (braunes Tuch). Dann legt sie Zettel in diese angedeutete „Landschaft", welche die Etappen der Exodusgeschichte markieren:

| Ägypten, Unterdrückung | Pesachmahl | Auszug und Durchzug | Wüstenerfahrung | Sinai, der Gottesberg |
|---|---|---|---|---|

Die Teilnehmer/innen erzählen sich, was sie aus der Bibel in Erinnerung haben oder vollziehen Etappen der Exodusgeschichte in einer Imagination nach. Anschließend erspüren sie ihren eigenen jetzigen Standpunkt, von dem aus sie in das Geschehen hineinfragen möchten und markieren ihn durch ein Symbol, einen Zettel oder ein gestaltetes Tuch. Sie lesen von dem Bibeltext vor allem das, was das Umfeld angeht, dem ihr Standort nahe ist. Reihum oder in ganz freier Wahl erzählen sie, was ihren Standpunkt ausmacht, welche Beziehungen sie zu heutigen Fragen haben und wie sie sich von da aus mit dem Textgeschehen in Verbindung setzen möchten. Zum Schluss reflektiert die Gruppe die Art der Zugänge, die von den Teilnehmer/innen überwiegend gewählt wurde.

### DER GESTOHLENE SEGEN –
### EINE „FAMILIEN-BEZIEHUNGSKISTE", GEN 27

Nach der Textarbeit wird das biblische Geschehen aktualisiert. Der Ort des Zeltes wird markiert und draußen das Feld. Die Standorte für Isaak (im Zelt), Rebekka (ebenso), Jakob (beim Zelt) und Esau (draußen auf dem Feld) werden festgelegt. Die Teilnehmer/innen wählen ihren eigenen Standpunkt entweder „draußen" oder „drinnen", in Nähe einer der biblischen Personen. Sie besinnen sich zuerst für sich, was ihren Standort ausmacht, warum wohl er für sie stimmt und zu welchem Aspekt der biblischen Erzählung sie von dort aus in Beziehung treten wollen. Am Schluss wird gemeinsam reflektiert, was den Einzelnen - im Blick auf die eigene Person - bei der Übung wichtig wurde, was sich über das Textgeschehen neu erschlossen hat, was von der Art und Weise des Zugangs zur Textbotschaft wahrgenommen wurde.

### DAS GLEICHNIS VOM PHARISÄER UND ZÖLLNER, LK 18,9-14

Nach der Textarbeit (siehe dazu z. B. Anneliese Hecht, Kreatives Arbeiten mit Biblischen Figuren, S. 80) wird in der von Anfang an nach der Raumanordnung des Textes gestalteten Mitte der eigene Standpunkt zum Geschehen eingenommen. Wie nahe stehen die Einzelnen dem Pharisäer oder Zöllner oder der Rahmengeschichte: Jesus oder denen, die von ihrer eigenen Gerechtigkeit überzeugt sind und andere verachten? Was sind ihre Fragen und Aussagen zu dem Geschehen? Die folgende Darstellung soll das Textgeschehen verdeutlichen:

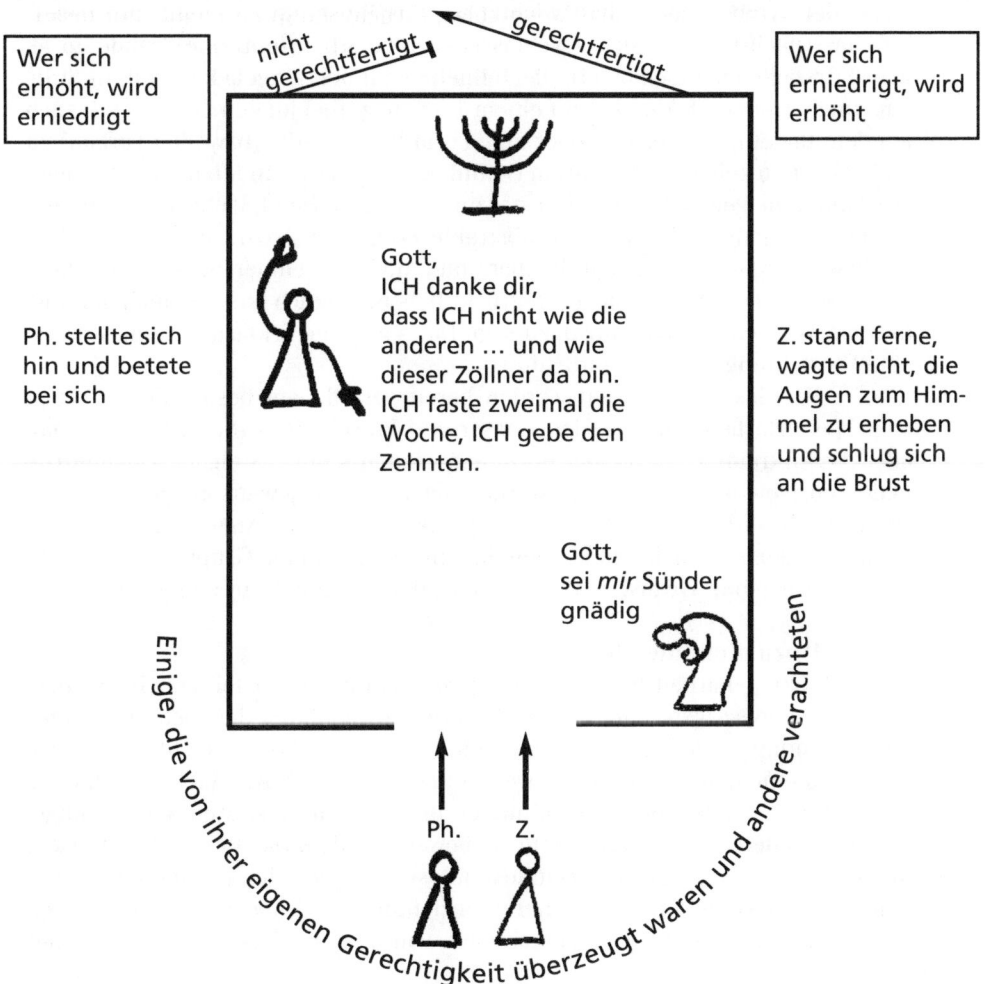

# 6 Pinsel-Ritual

### Die eigene Stimmung im Malen zu Papier bringen

**Beschreibung der Methode**

Die Methode ist nicht an eine Bibelarbeit gebunden, sondern eignet sich für jede thematische Gruppenarbeit, die sich über mehrere Einheiten (Gruppenstunden oder Abende) erstreckt. Ritual bedeutet, dass es um eine wiederholte Handlung geht; eine festgelegte Form, die mehrfach in gleicher Weise vollzogen wird, wobei der symbolische Gehalt wichtig ist. Das Pinsel-Ritual meint nun näherhin, dass nach jeder in sich geschlossenen Bibelarbeit (einzelne Stunde an einem Kurstag oder Bibelabend) alle Teilnehmer/innen eingeladen sind, in Stille auf einem großen Plakat, das auf einem Tisch liegt (bei jungen Leuten evtl. auch auf dem Boden), ein Zeichen oder eine Form in der Farbe (bzw. den Farben) zu malen oder zu zeichnen, die ihrem Gefühl oder Eindruck im Moment entspricht. Das kann eine gegenständliche Gestaltung sein (z. B. Hand, Licht, Weg) oder ein „bloßer" Farbeindruck oder eine abstrakte Form. Meist wird das Gemalte/Gezeichnete einfach so stehen bleiben und die Teilnehmer/innen betrachten schweigend für sich, was sie ausgedrückt haben. Möglich ist aber auch, dass jede/r ein Wort oder einen Satz dazu sagt. Das soll keine Erklärung sein, sondern eine Verdichtung und Verdeutlichung.

Für das Pinsel-Ritual werden bereit gestellt: am besten Fingerfarben oder Wasserfarben und ein Glas Wasser und Pinsel oder evtl. auch Wachsmal- oder Pastellkreiden. Nach jeder einzelnen Einheit kann das eigene Zeichen/Gemalte am gleichen Bild ergänzt werden, oder es wird jeweils ein neuer Bogen aufgelegt. Das Ritual dauert 5-15 Minuten, je nachdem, ob Äußerungen gegeben werden sollen oder nicht. So können die Einzelnen und die Gruppe die Entwicklung ihres eigenen Weges, ihrer eigenen Beziehung zum Erarbeiteten ersehen.

**Wozu dient die Methode?**

In jeder Gruppenarbeit hat jede/r Teilnehmer/in nicht nur teil am Gruppengeschehen, sondern geht auch seinen/ihren je eigenen Weg des Sich-Einlassens, der Beziehung zu den Themen, der Gefühle. Oft wird das gar nicht so bewusst wahrgenommen, vor allem nicht, wenn ein sich Prozess über mehrere Etappen hinzieht, so dass es eine Entwicklung ergibt. Und häufig spüren wir nur ungefähr, was andere bewegt und wohin sie bewegt werden. Das Pinsel-Ritual macht in einfacher Weise, ohne viel Zeitaufwand, sichtbar, wo sich die Teilnehmer/innen mit ihren Gefühlen, ihrer inneren Beziehung zum Thema befinden. Was einen Ausdruck gewinnt, wird zudem auch von unserer Einsicht viel deutlicher wahrgenommen und eingeordnet. Außerdem unterstützt es den je eigenen Zugang und hilft ihn wahrzunehmen. Da wir in einer individualistisch geprägten Gesellschaft leben, nehmen viele das sehr bewusst und sehr positiv wahr. Das Ritual verbindet die Teilnehmer/innen sehr untereinander (selbst wenn sie nicht alles, was andere zum Ausdruck bringen, deuten können). Und es verdichtet durch den persönlichen Ausdruck das Geschehen, auch durch die schweigende gleichbleibende Handlung und das eventuell anschließende Deutewort.

### Mögliche Grenzen und Gefahren der Methode

Die Methode eignet sich in der Regel nicht für einfache Gemeinde-Bibelkreise. Für sie wirkt eine solche Form meist eher befremdlich. Rituale kennen sie großenteils nur aus dem gottesdienstlichen Bereich. Zudem braucht diese Form ein Gespür für das, was in einem selbst vorgeht, und Mut, es vor anderen zum Ausdruck zu bringen. Es braucht Aufgeschlossensein. Und es erleichtert die „Darstellung", wenn Gruppenmitglieder schon durch verschiedene Formen erfahrungsbezogener Bibelarbeit Übung im Wahrnehmen und Ausdrücken haben. In manchen Gruppen ist die Methode auch nicht „ergiebig" oder in die Tiefe führend. Es werden „nur" allgemeine, gängige Symbole gemalt, wie z. B. Sonne, Herz, Kerze, Regenbogen, Weg, Baum. Das ist nicht negativ zu bewerten. Aber nach meiner Erfahrung werden allgemeine Symbole auch nicht recht als „meine eigene Botschaft" gewürdigt und schnell vergessen. Das Pinsel-Ritual ist in Gruppen, in denen sich Teilnehmer/innen sehr persönlich einlassen, oft dicht und wird geliebt als Mitteilung des persönlichen Weges und als Zeichen des Sich-einander-Anvertrauens und der Wirkung der Auseinandersetzung mit dem Text. Dennoch: eine Garantie, dass es „funktioniert", gibt es nicht.

### Praxisbeispiele

SCHULD- UND VERGEBUNGSVERSTÄNDNIS IN PSALM 51

Nach einer Auseinandersetzung mit dem Schuld- und Vergebungsverständnis in Psalm 51 malen die Teilnehmer/innen:

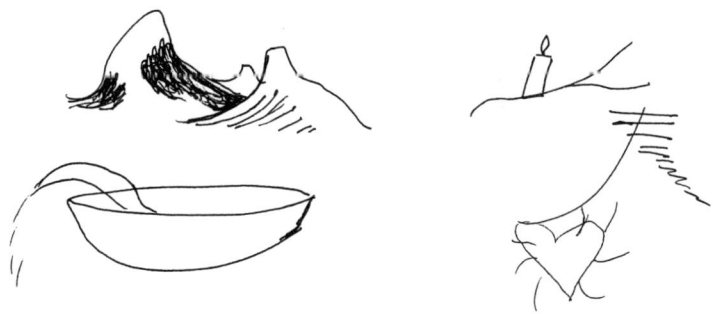

## II. ZUGÄNGE DURCH AKTUALISIERUNG

### EIN EVANGELIUM ODER EIN ANDERES BIBLISCHES BUCH

Wenn die Gruppe ein Evangelium durcharbeitet oder ein anderes biblisches Buch, führt sie das Pinsel-Ritual nach den verschiedenen Einheiten durch.

### EIN (BIBLISCHES) SACHTHEMA IN VERSCHIEDENEN ASPEKTEN

Wenn ein (biblisches) Sachthema in verschiedenen Blöcken und Aspekten angegangen wird (z. B. Nachfolge, Schuld, Reich Gottes...), wird das Pinsel-Ritual nach jedem Block oder Aspekt angewandt.

### ZUM ABSCHLUSS DES RITUALS EINEN TEXT LESEN

Zum Abschluss des Rituals kann auch der folgende Text langsam vorgelesen werden. Die Teilnehmer/innen betrachten während des Hörens ihr Gemaltes und lassen Assoziationen aufsteigen:

> Ich male in den Staub des Werktags
> ein neues Bild von mir.
> Es trägt die Spuren von gestern.
> Es trägt auch die Spuren des Frühlings
> und die Spuren von besserer Zeit.
> Werde ich die Spuren des Frühlings fühlen?
> Die Spuren der Liebe?
> Ich male in den Staub des Werktags
> ein neues Bild von mir.
> Hauche es an, Gott, damit es lebt!
>
> Bernhard Lang

# 7 | Mit allen Sinnen
### Einen Erfahrungsparcours oder Stationen-Weg zu biblischen Inhalten gestalten

### Beschreibung der Methode

Zur Erschließung eines Bibeltextes, seiner Botschaft und seiner Symbolik, verhilft der Zugang über möglichst viele Sinne, also manchmal auch ein über das Schauen und Hören hinausgehender, wie Tasten, Riechen, Schmecken. Wasser kann gehört, gesehen, berührt... werden; Sand, ein Stein, ein Stab... können neben dem Schauen auch im Anfassen erfahren werden; Luft, leichter Wind, kann erspürt werden auf der Haut; ebenso Feuer durch die Wärme; Öl kann gesalbt werden. Zahlreiche Bibeltexte bieten es geradezu an, mit vielen Sinnen erfahren zu werden, weil sie die Motive schon enthalten. Außerdem ist es vielen Menschen hilfreich, wenn eine biblische Thematik oder die Entwicklungsstadien innerhalb eines Textes in einem sinnenhaft erfahrbaren Weg gestaltet werden: in einer Wanderung mit „Rucksack und Bibel", in einem Wallfahrts- oder Stationen-Weg, in einem Parcours im Gemeindehaus oder der Kirche. Symbole kennzeichnen dann oft die jeweilige Station, Sinnenerfahrungen unterstützen das Sich-Einlassen auf das Thema:

> *Schauen* von Bildern, die vorgelegt werden oder einer Landschaft, in der man sich aufhält (mit Motiven aus dem Text, wie z. B. in der Nähe von Wasser, das aus dem Felsen kommt, vgl. Ex 17 oder am Fuß eines Berges, vgl. Ex 19)
> *Hören* von Worten, Wasser, Lauten aus der Schöpfung, Musik...
> *Riechen* von Weihrauch, Erde, Blumen, Gestank...
> *Tasten* von Beschaffenheiten von Dingen, wie Weichheit oder Härte; von Boden, von Formen und Gegenständen...
> *Schmecken* von Bitterem oder Süßem, von Frischem, wie Pflanze oder Wasser...

### Wozu dient die Methode?

Innerhalb der erfahrungsbezogenen Bibelarbeit setzen wir von unseren Sinnen meist stark das Auge, zur Veranschaulichung einer Botschaft ein, ebenso das Ohr zum Hören des Wortes, sehr selten das Tasten, noch seltener das Riechen oder Schmecken. Dabei wirken die letztgenannten Sinne in uns mit einer sehr hohen Intensität. Und so selten kommen sie in der Bibel auch nicht vor:

Wie oft ist vom *„Wohlgeruch"* die Rede (vgl. 2 Kor 2,14-16; Lev 1,9.13.17; Lev 2,9 u.a.) oder dass Gott die Brandopfer „nicht riechen kann" (Jer 6,20; Am 5,22-29) oder wie „fein duftend" eine Liebesbeziehung sein kann (vgl. das Hld,

z. B. 7,9). Wie häufig wird allein von Jesus erzählt, dass er Menschen berührt habe (z. B. den Taubstummen in Mk 7) und sich berühren ließ (z. B. durch die blutflüssige Frau: „Wer hat mich berührt?", Mk 5,30, oder durch die Frau, die ihm die Füße salbte, Lk 7,36-50). Und wie viele unzählige Male wird uns vom Schmecken der Menschen in der Bibel erzählt, von Essen und Trinken, von Mählern, von Bitterem und von Angenehmen (z. B. in Ex 16 und 17).

So lohnt es sich auch, Texte mit allen Sinnen zu erschließen, besonders aber, wenn solche Schlüsselworte bzw. Sinnenzugänge selbst schon im Text vorkommen oder sich von den Adressaten her anbieten. Bei Kinderbibelarbeiten und Kindergottesdiensten werden sinnenhafte Zugänge bereits häufiger eingesetzt, bei Erwachsenen noch sehr spärlich. Des weiteren ist es vielen Menschen hilfreich, biblische Texte mit möglichst vielen Sinnen und in Schritten nacheinander zu erschließen: in ritualisierter Weise, in Bibelarbeiten und Gottesdiensten zu Bibeltexten, die in Stationen gestaltet sind; als Weg in der Kirche oder im Gemeindehaus, in der Stadt als Wallfahrt zu einem Ort, als Kreuzweg oder als Wandertour „mit Rucksack und Bibel". Überall dort ist das Bedürfnis lebendig, an einem Thema oder an einem Text und seiner Botschaft „dran" zu bleiben. Jede Station des Weges nimmt einen Aspekt auf und erschließt ihn Schritt für Schritt. Biblische Geschichten sind darüber hinaus oft Entwicklungs- und Reifungsgeschichten, deren aufeinander folgende Stadien in einem Weg, einem Parcours, in Stationen besonders gut nachvollzogen werden können. Der Wegcharakter, das sich Entwickelnde, ermöglicht einen Weg des inneren Tiefergehens im äußeren Gehen, Schritt für Schritt.

*Gefahren und Grenzen der Methode*

Bei Bibelarbeiten, die viele Sinne einbeziehen möchten oder in Stationen inszeniert werden, besteht häufig die Tendenz, dass die Anbietenden bzw. die Leitenden zu viel machen wollen. Es besteht die Gefahr, dass manches zu gekünstelt wirkt oder nicht zum Thema passt. Nicht selten werden zu viele Symbole verwendet: Hier wird eine Blume überreicht, bei der nächsten Station ein Stein, bei der übernächsten ist ein Zettel zu beschriften und abzulegen. Eine Überflutung mit Symbol-Gegenständen führt zu einer geringeren Wertigkeit der einzelnen Eindrücke. Die Einzelsymbole werden durch die Vielfalt relativiert und können sich in ihrer Bedeutung nicht mehr recht entfalten.

Vielfach wird aus dem Bestreben heraus, die Wirkung einer Arbeit mit Symbolen zu vertiefen, etwas Gebasteltes oder ein kleiner Symbolgegenstand mit nach Hause gegeben. Vor allem in Frauengruppen gibt es diesen Brauch. Wenn aber in der Bibelarbeit nur kurze Zeit dafür verwendet wurde, den Symbolgehalt zu erschließen, ist es meist nicht sehr nützlich und wirkt auch zu Hause nicht weiter, weil damit keine (tiefe) Erfahrung verbunden ist. Sinnenzugänge und Stationen-Wege ermöglichen eher dichte Erfahrungen, wenn sie nur hin und wieder vorkommen; wenn sie dagegen zu häufig praktiziert werden, verlieren an Intensität.

Zu bedenken ist schließlich noch, dass Sinnenzugänge in der Regel eigene Erfahrungen in Gang setzen und auch oft Erinnerungen wachrufen an frühere Erfahrungen der Teilnehmenden. Das eigene Empfinden ist dann oft sehr stark. Und nicht selten werden damit verbundene Aspekte, Motive, Bilder, Eindrücke auf den Bibeltext übertragen und für seine Botschaft gehalten.

### Praxisbeispiele

#### FUSSSALBUNG

Als Vertiefungsschritt nach einer Textarbeit zur Erzählung von der großen Liebenden (früher „Sünderin" genannt), Lk 7,35ff, kann in einer Gruppe, in der entsprechende Vertrautheit vorhanden ist, das Ritual einer Fußsalbung vorgenommen werden.

Die Teilnehmer/innen finden sich dazu in freier Wahl zu zweit zusammen. Die freie Wahl ist notwendig, weil es etwas sehr Persönliches ist, die Füße behandeln zu lassen, was sich Menschen nicht von jedem/r tun lassen möchten. Als Alternative sollte für diejenigen, die eher Bedenken haben, eine Handsalbung möglich sein. Es wird zwischen den Partner(inne)n vereinbart, wer zuerst welchen Part übernimmt. Die Salbenden knien bzw. setzen sich zu Füßen ihres Gegenübers. Sie können durch Reiben oder Kneten und inneres Hinspüren ihre Hände für das Tun sensibel machen. Sie stellen sich dann innerlich auf ihr Gegenüber ein. Mit Reinigungstüchern (z. B. Baby-Reinigungstüchern) oder Wasser in einer Schüssel werden die Füße gereinigt/gewaschen. Dieser Schritt kann auch entfallen. Anschließend werden die Füße nacheinander mit einem wohlduftenden Kräuteröl (aus Drogerien) in aller Ruhe eingesalbt. Manche empfinden dabei ruhige Musik als unterstützend. Die Salbenden beenden ihr Tun mit einem abschließenden Ausstreichen der Füße oder indem sie die Füße einen Moment umschließen. Dann wechseln die Partner/innen. Nach der Übung können beide sich noch ein paar Worte zu ihrer Empfindung sagen.

#### STATIONEN-WEG ZU DEN SIEBEN ICH-BIN-WORTEN DES JOHANNESEVANGELIUMS

Zur Vertiefung einer vorausgehenden Bibelarbeit oder an einem Gemeinde-Bibeltag kann ein Weg in Stationen Teilnehmer(innen) in eine intensive Begegnung mit Motiven von Bibeltexten führen: Die Ich-bin-Worte werden z. B. gern von Gruppen als Weg in Etappen gestaltet. Ein Lied zu den sieben Worten führt durch die Stationen, ebenso ein Lesen der Bibeltexte, in denen die Ich-bin-Worte vorkommen.

# Du hast gesagt

1. Du hast ge - sagt: „Ich bin der Weg", —
2. Du hast ge - sagt: „Ich bin die Wahr-heit",
3. Du hast ge - sagt: „Ich bin das Le - ben",

du hast ge - sagt: „Ich bin der Weg". — Ich ver -
du hast ge - sagt: „Ich bin die Wahr-heit". Ich ver -
du hast ge - sagt: „Ich bin das Le - ben". Ich ver -

trau - e dei - nem Wort, ich komm zu dir und
trau - e dei - nem Wort, ich komm zu dir, um
trau - e dei - nem Wort, ich komm zu dir mit

will dir fol-gen. Du bist der rech - te Weg. ___
zu er - ken-nen. Du, Herr, bist selbst die Wahr-heit. _
mei - ner Schuld. Du bist das neu - e Le - ben. _

4. | |: Du hast gesagt: „Ich bin das Brot". :| |
Ich vertraue deinem Wort, /
ich komme zu dir, um satt zu werden./
Du bist das wahre Brot.

5. | |: Du hast gesagt: „Ich bin die Tür". :| |
Ich vertraue deinem Wort, /
ich komme zu Dir, du lässt mich ein. /
Du bist die Tür zur Freude.

6. | |: Du hast gesagt: „Ich bin der Hirte". :| |
Ich vertraue deinem Wort, /
ich komm zu dir, du wirst mich führen. /
Du bist der gute Hirte.

7. | |: Du hast gesagt: „Ich bin der Weinstock" :| |
Ich vertraue deinem Wort, /
ich bleib in dir, um Frucht zu bringen. /
Du bist der wahre Weinstock.

8. | |: Du hast gesagt: „Ich bin das Licht" :| |
Ich vertraue deinem Wort, /
ich komm zu dir, um licht zu werden. /
Du bist das Licht des Lebens.

Rechte: Christlicher Liederverlag, Gisela Hoppe, Hatten-Sandkrug.
Strophen 7 und 8: Wolfgang Wieland, Leinfelden

*„Ich bin die Tür"* (Joh 10,7): Das erste Ich-bin-Wort eröffnet im Durchschreiten einer großen bzw. schön gestalteten Tür den Weg und bildet die erste Station. Mögliche Elemente: Liedstrophe 5, Textlesung (Ausschnitt aus Joh 10), Gespräch über die Merkmale des Türbildes in Joh 10 (Welche Aspekte verkörpert das Bild der Tür?), Gestik: ein Tor formen vor mir oder neben mir oder miteinander...

*„Ich bin der gute Hirte"* (Joh 10,11): Eine Symbolbetrachtung zum Hirtenstab (ein Stab liegt/steht bei der Station) folgt dem Singen der 6. Liedstrophe und Lesen des Bibeltextes. Zwei Gruppen stehen einander gegenüber. Die eine vertieft sich in die biblische Dimension des Hirten im Text und spricht davon, wie sie diese versteht. Die andere bringt unsere heutigen, zum Teil auch kritischen Sichtweisen des Hirtenbildes zur Geltung. Am Schluss steht für alle zusammen die Frage, wie wir das Bild übersetzen können für uns heute, was wir ihm abgewinnen können.

*„Ich bin das Licht der Welt"* (Joh 9,5): Nach dem Singen der 8. Strophe und Lesen des Bibeltextes Joh 9,1-7 können sich andere Elemente anschließen. Z. B. ist eine Lichterfahrung möglich mit Hilfe eines Feuers, einer großen Kerze, eines Lichtertanzes (z. B. Navida dau mit Teelichtern in einer Hand). Eine schweigende Metapher-Meditation zum Thema Licht folgt: „Licht ist für mich wie..." steht auf einem Plakat; die Teilnehmer/innen schreiben ihre Assoziationen dazu. In einem nächsten Schritt wird eine Litanei aus den Bildern und Begriffen der Meditation zu Jesus, unserem Licht, formuliert. Ein einfacher Bittruf (gesungen oder gesprochen) bezieht alle ein.

*„Ich bin der Weinstock"* (Joh 15): Ein Weinstock-Bild oder Rebstock bzw. - zweig wird in einer Imagination betrachtet (innere Vorstellung der Verbundenheit der Rebzweige, Verinnerlichung der biblischen Motive in Joh 15). Die Teilnehmer/innen fassen dazu die Hände durch und erinnern sich an Verbundenheit in Freundschaft in ihrem Leben. Einige aus der Gruppe sprechen Einzelworte aus Joh 15 in die Runde, dazwischen ist Stille.

*„Ich bin das Brot des Lebens"* (Joh 6,35): Singen der Liedstrophe 4, Lesen des Bibeltextes Joh 6,28-35. Ein rundes Brot steht auf einem Tisch. Das Brot wird betrachtet, wofür es für uns steht, warum es *das* Lebensmittel bedeutet. Es kann reihum gesegnet werden mit verschiedenen (freien) Segensgebeten, es kann geteilt werden.

*„Ich bin der Weg, die Wahrheit und das Leben"* (Joh 14,6): Singen der Liedstrophe 1 und Lesen des Textes Joh 14,1-6. Die Teilnehmer gehen ein Stück des Wegs schweigend, ganz langsam, Schritt für Schritt und hören in sich Jesu Zusage „Ich bin der Weg ..." Auf einem Stein am Weg (oder Zettel) notieren sie, was für sie am Wegbild wichtig ist. Sie formulieren einen Satz: Jesus ist der Weg, der für mich ... Nach dem wiederholten Singen der Liedstrophe 1 „Jesus ist der Weg" und der hinzugefügten 2. Strophe werden noch einmal die biblischen Aussagen verinnerlicht (stille Meditation).

*„Ich bin die Auferstehung und das Leben"* (Joh 11,25): Liedstrophe 3 und Lesung von Joh 11,21-27. Ein Bild vom Auferstandenen, ein Symbol des Lebens oder ein großes Kreuz mit Osterkerze betont optisch die Station. Eine Atem-Übung verdeutlicht: Im Atem spüren wir, dass wir leben. Nicht atmen ist tot sein. Die Teilnehmer/innen spüren ihrem Lebensatem in ihnen nach, was er im Körper bewegt und belebt. Auf Plakaten sind zwei Sätze gegenüber gelegt: „Der Tod hat nicht das letzte Wort" und „Ich bin die Auferstehung und das Leben". Beide Aussagen werden im Rundgespräch entfaltet: Was bedeutet es uns Christen, dass Jesus den Tod bezwungen hat und auferweckt wurde? (Paulus sagt, dass mit diesem Glauben unser Christsein steht oder fällt, 1 Kor 15,14.) Am Schluss wird der Segen erteilt durch grüne Blätter, die mit einem Segenswort über die Teilnehmer ausgestreut werden als Zeichen, dass uns in Jesus das Leben verheißen ist.

### WEITERE STATIONENWEGE

Ähnliche Stationen-Wege lassen sich gut zu den sieben Vaterunser-Bitten, zu wichtigen Stationen Jesu auf dem Weg des Markusevangeliums (Taufe, Kafarnaum, Cäsarea Philippi, Jerusalem), zur Passion Jesu (Symbole des Leidens Jesu wie Fesseln, Geißel, Dornenkrone, Nägel, Kreuz ...) und zu unzähligen Texten, in denen Schritte angelegt sind, verwirklichen.

BIBEL-PARCOURS ZU DEN FÜNF SINNEN
Die ausführliche Beschreibung eines Bibelparcours in einem Schweizer Ort im Wallis (Visp) zu den fünf Sinnen wird vom Schweizer Kath. Bibelwerk herausgegeben und ist dort zu bestellen: Gott mit allen Sinnen erfahren, Bibelpastorale Arbeitsstelle Schweizer Bibelwerk, Bederstr. 76, CH-8002 Zürich.

Als Beispiel sei der Aufbau des Parcours-Teils „Schmecken" aus dem Material wiedergegeben (S. 17-20):

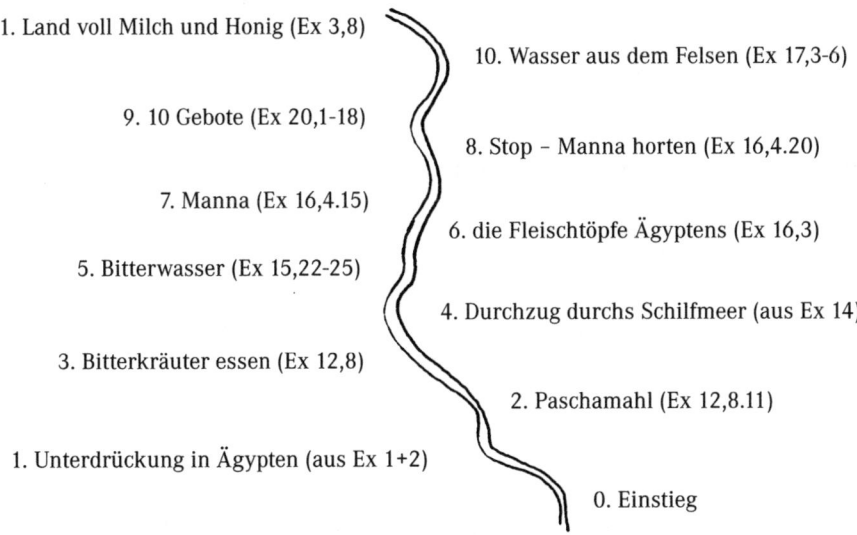

11. Land voll Milch und Honig (Ex 3,8)

10. Wasser aus dem Felsen (Ex 17,3-6)

9. 10 Gebote (Ex 20,1-18)

8. Stop – Manna horten (Ex 16,4.20)

7. Manna (Ex 16,4.15)

6. die Fleischtöpfe Ägyptens (Ex 16,3)

5. Bitterwasser (Ex 15,22-25)

4. Durchzug durchs Schilfmeer (aus Ex 14)

3. Bitterkräuter essen (Ex 12,8)

2. Paschamahl (Ex 12,8.11)

1. Unterdrückung in Ägypten (aus Ex 1+2)

0. Einstieg

*0. Einstieg*
Auf einem Plakat wurden die Interessierten kurz zum Thema Exodus orientiert und eingeladen, den Weg zu gehen und zu kosten.

*1. Unterdrückung in Ägypten*
Auf dem Kaufplatz stand eine ca. 1.50 m hohe Pyramide aus Zementziegeln. Einige Ziegel lagen noch auf dem Boden. Viele waren beschriftet mit Unterdrückungssituationen heutiger Zeit. Die Teilnehmenden wurden eingeladen, zum Gedenken an solche Unterdrückungen die Pyramide weiterzubauen.

*2. Pascha – das Mahl vor dem Aufbruch*
Zur Stärkung auf den Weg erhielten die Teilnehmenden ungesäuertes Brot und Lammfleisch. Der Aufbruch in die Freiheit lässt sich nicht aufschieben – darum reicht die Zeit nicht, das Brot zu säuern, darum stehend essen, den Stab in der Hand.

### 3. Was bitter schmeckt ...

Mit Gazetüchern war ein kleiner „Tisch" gestaltet. Zur Meditation des Textes konnten die Teilnehmenden bittere Kräuter (Löwenzahn, Petersilie, Wermut ...) essen und schmecken. Und der bittere Geschmack auf der Zunge war auf den nächsten Schritten unangenehmer Begleiter.

### 4. Geh weiter ... durch das Schilfmeer ... durch Widerstand

Das „Schilfmeer" war mit blauer Gaze, Jutestoff und Schilf (steckt in Sandkisten) gestaltet.

### 5. Wenn Wasser bitter schmeckt

Eine Glasschüssel, eine Schöpfkelle und schöne Champagnergläser luden zum Trinken ein. Doch das Wasser in der Schüssel war ganz verschmutzt. An Holzstäbchen befestigt konnten die Teilnehmenden (für Kinder und Erwachsene) Vorschläge lesen, wie das Wasser dieser Erde geschont werden kann. Die „Zauberstäbe" luden zur Diskussion ein.

### 6. Oh, wären wir doch in Ägypten geblieben

Auf einem Jutestoff wurde mit Kohle und Asche ein erloschenes Feuer dargestellt. Darauf stand ein großer Eisentopf. Wer sich dennoch nach den Fleischtöpfen Ägyptens sehnte und den Deckel vom Topf hob, fand darin nur vertrocknete Früchte.

### 7. Manna - was ist das?

Auf einem Jutestoff lag Manna (in Apotheken zu kaufen, und lud die Teilnehmende n zum Probieren ein.

### 8. Stop

Ein Stopschild und der zugehörige Text mahnten die Teilnehmenden, das Manna nicht zu horten, nicht mehr zu nehmen, als für ein Tag notwendig ist.

### 9. Zehn Gebote - für ein Leben mit Geschmack

Auf farbigen Tüchern standen zwei „Gebotstafeln" aus Styropor mit neugestalteten 10 Weisungen. Dazu der kurze Text: 10 Gebote - einmal anders - für ein Leben mit Geschmack. Ich bin der Herr, dein Gott, der dich aus Ägypten herausgeführt hat.

### 10. Wasser - Leben

Auf dem Kirchplatz von Visp steht ein Brunnen. Ein paar Gläser auf dem Brunnenrand luden die Teilnehmenden ein, ein Schluck frisches Wasser zu trinken und zu genießen.

### 11. Das Zelt

Die Teilnehmenden setzten sich ins Zelt und hörten sich ermutigende Gedanken zum Weitergehen und eine Geschichte an. Als Stärkung und Vorgeschmack auf das Land, in dem Milch und Honig fließen, wurde ihnen ein Stück Honigkuchen überreicht.

### „BIBEL UND RUCKSACK"

Wanderwege bieten sich vielfältig an, um in biblische Inhalte „hineinzugehen", z. B. die sieben Schöpfungstage in einer sieben-tägigen Wanderung zu betrachten im Gehen, im Bibelgespräch, in der Betrachtung von Schöpfungswerken. Aber auch die Wege des wandernden Gottesvolkes im Buch Exodus und viele andere Themen eignen sich für das Unterwegssein von Ort zu Ort.

# III. ZUGÄNGE DURCH KÖRPERARBEIT

# 1 Grundsätzliches

## Chancen der Körperarbeit innerhalb der Bibelarbeit

„Mit Leib und Seele will ich sagen..." Dieses Zitat aus Ps 35,10 ist mir sehr lieb geworden und erinnert mich daran, was Mitteilung im letzten sein will: eine ganz(heitlich)e Zuwendung oder Hingabe – auch an Gott. Immer, wenn mir dieser Bibelvers in den Sinn kommt, denke ich aber auch daran, wie viele Anstrengungen wir in unserem Leben um die Ausdrucksfähigkeit unserer Sprache unternehmen, wie unglaublich wenig aber um die Ausdrucksfähigkeit unseres Leibes.

### Vernachlässigter Leib

Viele Menschen drücken ihre Abwertung und schlimmer noch ihre buchstäbliche Verteufelung des Leiblichen in der Ausdrucksweise „der Leibhaftige" aus. Dabei wissen wir von der Bibel, dem Fundament unseres Glaubens, her darum, dass wir „Tempel des Geistes" (1 Kor 6,19) sind und „Abbild" bzw. wörtlich „Kultbild" Gottes als lebendige, leibhaftige Menschen, als Mann und Frau (Gen 1,27). Wir sprechen davon, dass Gott Mensch geworden sei und damit den ganzen Menschen mit Fleisch und Blut bejaht und geheiligt habe. Aber erfasst uns das auch tiefer in unserem Sein, dass auch in unserer Leibhaftigkeit Ausdruck göttlichen Heilswillen und Heilswirkens gegenwärtig ist, dass unser Leib Gefäß der Botschaft Gottes ist? (vgl. 2 Kor 4,7)

### Körperausdruck intensiviert Erfahrungen

Körperausdruck und -sprache, die für die meisten im Alltag unbewusst da sind oder auch da und dort wahrgenommen werden, sind mir selbst unverzichtbare Zugänge zum Leben und auch zur biblischen Botschaft geworden. Durch den Biblischen Ausdruckstanz sind mir viele tiefe geistliche und geistige Erfahrungen und Einsichten geschenkt worden. Durch meine eigene Anleitung in unzähligen Kursen und hin und wieder auch Gottesdiensten erlebte ich dies auch bei vielen anderen Menschen. Ganzheitliches Wahrnehmen und ganzheitlicher Ausdruck unter Beteiligung der Sinne (Sehen, Hören der Musik bzw. von Worten und körperlicher Ausdruck) intensiviert Erfahrungen und dient oft auch der besseren Erinnerung, so dass sie in Lebenssituationen Hilfe sein können (vgl. auch das Sprichwort „Man wird nur aus Erfahrung klug").

## Wir sind Körper

Weil wir Körper sind, drücken wir auch alles, was in uns ist, in irgendeiner Form mit ihm aus. Freilich sind das oft auch widersprüchliche Aussagen zwischen dem, was ist (z. B. traurig sein) und dem, was wir wollen (uns zusammennehmen), zwischen dem, was wir wirklich fühlen (ich mag dich nicht) und dem, was wir zeigen wollen oder dürfen (gesellschaftlich, beruflich: Ich bin freundlich zu dir). Viele von uns können die Aussagen des Körperausdrucks von Mitmenschen nicht mehr gut ablesen und verstehen. Wahrnehmen werden wir sie immer. „Ich habe doch gespürt, dass etwas nicht stimmt!" sagen wir hinterher. Indem wir Haltungen und Ausdrucksweisen des Körpers bewusst einsehen, die für bestimmte innere Haltungen, Einstellungen, Überzeugungen stehen, können wir auch diese wieder intensiver wahrnehmen. Aber das Leibhafte gehört auch zur Ganzheitlichkeit von Erfahrungen. Wir sind Körper, Geist und Seele. Und wir machen uns etwas vor, wenn wir meinen, der Körper habe keinen Anteil am Innenleben, an Erkenntnissen und Einsichten.

### Etwas verändern, heißt sich bewegen

Auch wenn wir in der Bibelarbeit (wie auch im Leben allgemein) etwas bewirken wollen, müssen wir etwas verändern. Etwas verändern heißt, sich oder etwas bewegen. Indem wir uns bewegen, bewirken wir etwas. Und durch Wirkung(en) und Gegenwirkung(en) leben wir. Über Wirkungen nehmen wir im wörtlichsten Sinn die Wirklichkeit wahr. So lohnt es sich, über Körperausdruck und -haltungen in Übungen unserer Wirklichkeit nachzuspüren, sie in einer Form zu sehen und auch mit den Sinnen, nicht nur mit der geistigen Fähigkeiten wahrzunehmen. Geistiges und Gefühle sind oft sehr flüchtig, sehr schwebend, nicht gebunden in eine Form. Sowie sie aber im Körperausdruck Gestalt bzw. Form „annehmen", können wir sie in ihrer Form oder Wirkung wahrnehmen und ihnen in einer entsprechenden Form bzw. Wirkung antworten. Wir wählen aber meist nicht bewusst unsere Haltung entsprechend unserem Inneren. Sie geschieht unbewusst und bestimmt dann doch unser Tun. Wir lehnen uns z. B. automatisch vor und öffnen unsere Haltung, wenn wir interessiert sind. Wir können aber auch ganz bewusst in eine Körperhaltung oder eine Bewegung gehen, und auch das verändert unser Tun: Wenn ich in einer Diskussion „Stellung beziehe" und dabei stehe, stelle ich mich in der Regel anders (stärker) dazu als im Sitzen.

### Formen des Körperausdrucks

Was die Form des Körperausdrucks betrifft, sind oft in Gemeinschaften (Familie, Kulturkreis, Geschlecht ...) festgelegte oder überlieferte Bewegungsmuster entscheidend, die wir ererben oder uns „automatisch" aneignen (wie z. B. ein Händedruck oder Kuss und Umarmung zur Begrüßung oder Zeichen der Trauer wie z. B. Weinen und lautes Klagen, ein bestimmter Körperausdruck). Auch solche erlernten Muster bewusst in einer Übung nachzuvollziehen, kann uns helfen zu erkennen und zu „sehen", was sich da ereignet und wie jemand durch seinen je eigenen Ausdruck dazu steht. So unterscheiden wir also zwischen gesellschaftlich Erlerntem und gemeinsam Bewegtem sowie der Bewegung und dem Körperausdruck, den jemand ganz individuell nur für sich selbst hat. Für beides – Erlerntes und Eigenes – soll deshalb auch in den innerhalb der Bibelarbeit angebotenen Körperübungen Raum sein.

## Haltungen erkennen heißt Bewegungsabfolgen verstehen

Welche konkrete Aussage unsere Haltung im Einzelnen bedeutet, bestimmt die Kombination mit vorhergehenden und nachfolgenden Haltungen bzw. Bewegungen: Haut die nach unten offene Hand auf den Tisch oder greift sie sich etwas? So geben uns gerade auch Abfolgen von Bewegungen Einsicht in wichtige Prozesse und Entwicklungen von Geschehen oder Personen (auch in biblischen Texten). Es ist empfehlenswert, durch Körperübungen auch Haltungen einzuprägen, bewusst zu machen und zu aktivieren.

## Vorlagen gefragt

Viele Frauen schätzen seit ungefähr 15-10 Jahren meditative Tänze, bei denen die Schritte vorgeschrieben sind. Sie erleben sich im gemeinsamen Tun und fühlen sich nach Erlernen der Schritte sicher. Manche aber erleben sich gerade dadurch sehr „gegängelt" und wählen lieber freie individuelle Bewegungsformen, die jeweils Motive, Haltungen, Prozesse einmalig widerspiegeln. Und diese sind dann für sie genau stimmig.

Wenn nun von Gruppenleiter(inne)n des öfteren nach Vorlagen für Körperübungen gefragt wird, so ist zu beachten, dass Übungen gesucht sind, die einfach gut „funktionieren". Aber ohne Einsicht in die ganzheitliche Wirkweise von Haltungen oder Bewegungsübungen haben solche Übungen keinen Sinn. Es ist sehr zu empfehlen, sich in einem der vielen erprobten Übungsansätze eine ganze Zeit lang selbst einzuüben, um Menschen begleiten zu können. Angebote sind zahlreich in Bildungswerken, Bildungshäusern und Volkshochschulen. Die Modelle sind je nach ihrem Ziel sehr verschieden. Die einen kommen vom modernen Ausdruckstanz her, andere von Feldenkrais, Eutonie, Qigong, Yoga usw. Wer wenigstens zu einem von ihnen Zugang hat, tut sich leichter, die Wirkweisen von Körperübungen besser beurteilen zu können.

Die folgenden Methoden beschreiben zunächst grundlegende und dann sehr einfache, an Textmotiven angelehnte Übungen. Eine Gruppe, die öfters solche Zugänge in ihre Bibelarbeit integriert, erreicht nach meiner Erfahrung oft eine große Tiefe in der Begegnung mit dem Text.

# 2 Bewegungselemente – Grundübungen

### Wer was, wo, wie und mit wem bewegt

Für ein besseres Körperbewusstsein und eine Verbesserung der Gestik und des Ausdrucks eignen sich Übungen, die verschiedene Aspekte von menschlicher Bewegung berücksichtigen. Hilfreich sind die Grundformen, die im Ausdruckstanz eine Rolle spielen. Für unser westliches Bewegungsbewusstsein hat Rudolf Laban (1879-1958) eine Bewegungsanalyse vorgenommen und als Grundlage für den Ausdruckstanz in vier Bewegungselemente eingeteilt: Körper, Raum und Form, Energie und Beziehung. Bei den folgenden Übungsvorschlägen überschneiden sich die Bereiche manchmal etwas, weil wir uns ganzheitlich bewegen, nie ist eine Form von der anderen isoliert.

**Was bewege ich? – Körper**

Am Körperausdruck des Menschen ist zunächst die *Körperform* zu erkennen. Dazu gehören Gestalt und Körpersymmetrie.

> ❯ *Übungen zur Gestalt*: offene Haltungen und geschlossene, Arme und Beine anliegend oder ausgreifend, aufrecht stehend oder sitzend, kompakte Haltung (z. B. „Würfel") oder viel Raum einnehmend durch Ausstrecken der Gliedmaßen...

> ❯ *Übungen zur Körpersymmetrie*: im Stand das Gewicht gleichmäßig auf beide Beine verteilen = hohe Stabilität; weitere Haltungen ausgewogener Körpersymmetrie erproben: auf beiden Knien, in der Hocke, in der Grätsche, mit ausgebreiteten oder erhobenen Armen...

> ❯ *Übungen zu Symmetrieverlagerungen*: im Stehen Gewicht immer mehr auf ein Bein verlagern bis zum Ausdruck von Standbein und Spielbein (angetippt nur auf dem Boden oder sogar ganz abgehoben. Letzteres ist bei guter Ausbalancierung gut möglich.). Ähnliche Übungen können für ausgreifendere Haltungen, in denen Arme und Beine mehr aus der Symmetrielinie genommen sind, vorgenommen werden. Das Ausbalancieren wird um so schwerer. Solche Übungen fördern das Ausdrucksvermögen sehr.

> ❯ Geübt werden kann auch, wie weit die Teilnehmer/innen *sich nach einer Seite in den Raum entfalten* können, ohne das Stehvermögen zu verlieren (nach der Seite mit dem Arm oder den Armen, nach oben).

> ❯ Ein weiterer Aspekt der Körperarbeit ist der Einsatz der *Körperteile*: Welche werden in Kombination mit welchen aktiv? Welche *Körperaktivitäten* sind zu verzeichnen? Sehr viele Menschen bewegen überwie-

gend die Arme oder Hände, etwas weniger die Beine, noch weniger den Kopf und fast gar nicht den Rumpf.

Die Übungen helfen dazu, die ganze Gestalt von Kopf bis Fuß in den Ausdruck einzubeziehen und sich dessen bewusst zu werden. Die Aussagekraft nimmt in dem Maß zu, in dem die Haltung von oben bis unten stimmig ist. Die Übungen beginnen mit dem Kopf und seinen Haltungsmöglichkeiten: Auf- und Ab- und Seitwärtsbewegungen. Sie werden fortgesetzt über die Arme (Schultergelenk) nach oben und unten, nach den Seiten, gestreckt und angewinkelt (Ellbogengelenk), eher „runde" oder eher „eckige" Formen nach vorne und hinten, dann die Hände (Handgelenke). Anschließend werden Haltungsänderungen am Rumpf erarbeitet: bücken und aufrichten, drehen nach den Seiten und nach hinten (mit gebotener Spürsamkeit. Nichts erzwingen!). Am Schluss wird die Beweglichkeit der Beine (mit Kniegelenken und Fußgelenken) erprobt: seitwärts und in der Auf- und Abbewegung, im Stehen (durchgestreckt oder angewinkelt) und in der Vorwärtsbewegung.

### Wo bewege ich mich? – Raum und Form
Hier eignen sich Übungen zu folgenden Aspekten:
> Wieviel Raum, welche Ausdehnung nimmt eine Gestalt ein: wie weit, wie eng maximal?
> In welcher Raumebene agiert ein Mensch vor allem: auf der „Tischebene", (der mittleren der Hände), im oberen Bereich ab den Schultern bis an die Grenzen des Handlungsraums der Arme, im unteren Bereich der Beine bis zum Boden hin
> Durch die Gestik der Gliedmaßen entstehen beim Stellen eher „Luft"-(Hand- und Armgestik) oder „Boden"-Muster (Fußstellungen).
> Und schließlich wird an der gesamten Gestalt sichtbar, in welche Richtung sie den Raum vor allem einnimmt: in der Vertikalen; in der Horizontalen; in Bezug zur Körpermitte: zentriert bzw. kompakt oder ausgreifend, viel Raum beanspruchend.

### Wie bewege ich mich? – Energie
Für die Vermittlung einer Botschaft ist es bei uns Menschen im Hinblick auf unseren Körperausdruck sehr wichtig, wie wir uns im Raum bewegen: in welche Richtung, in welcher Zeit, mit welcher Kraft, mit freien oder gemachten bzw. gebundenen Bewegungen. Ob Kraft eingesetzt wird, sieht man z. B. an der Beinstellung (Ausfallstellung), eine geballte Kraft der Feinde wird sich darin zeigen, dass die „Fäuste" nicht zu weit auseinander platziert werden. Die Reichweite und Stellung eines Armpaars wird andeuten, ob jemand geballt und schnell agiert oder langsam und leicht. Eine geöffnete, empfangende Haltung wird Ruhe

und Frieden und Zeit-Haben an die Betrachter übermitteln. Am wichtigsten sind in der Wahrnehmung der Energie Schnelligkeit der Bewegung, Krafteinsatz und Richtung.

### Wer bewegt sich mit wem? – Beziehung

Für die szenische Arbeit ist die Beziehung der Personen untereinander ein ganz wesentlicher Aspekt, dem sehr viel Beachtung zu schenken ist. Verbessern lässt sich durch Übungen das Bewusstsein für das Zueinander der Personen bzw. das Zueinander der Aussagen verschiedener Körperteile. Es können Kombinationen der Gliedmaßen z. B. von Kopf und Armen, von Rumpf und Gliedmaßen erprobt werden. Sodann werden Nähe und Distanz zu anderen Figuren nach ihrer Aussagekraft erprobt. Auch hier empfiehlt sich ein systematischer Übungsverlauf, der mit zwei Partner/innen als Übende beginnt:

> ❯ in verschiedenen Abständen Haltungen einnehmen,
> ❯ gemeinsame Räume, bei denen die Glieder in den Ausdrucksraum des anderen greifen, oder getrennte, einander gegenüberstehende Räume,
> ❯ übereinander und nebeneinander, hintereinander, ein Paar bildend oder einzeln bleibend.

In einem weiteren Schritt kann mit Gruppen von Teilnehmer/innen geübt werden:

> ❯ kleine oder große Gruppen,
> ❯ geschlossene oder geöffnete,
> ❯ chaotische oder geordnete,
> ❯ bewegte (mit verschiedenen Haltungen) oder ruhige, passive,
> ❯ einheitliche oder polarisierte,
> ❯ streitende, spannungsreiche Aufstellungen oder spannungslose,
> ❯ eckige oder runde,
> ❯ Ansammlungen im Gegenüber zu einzelnen oder kleineren Gruppen,
> ❯ Sitzende oder Stehende.

Für manche/n wirkt es überfordernd, das alles beim Stellen im Kopf und Herz zu haben. Es ist für sie dann nicht sinnvoll, das alles am Stück zu üben, sondern sich über einen längeren Zeitraum verteilt kleine Portionen anzueignen, einmal diesen Aspekt zu üben, beim nächsten Mal einen weiteren. So erhöht sich die Kompetenz langsam, aber stetig. Und mit dem Können kommt die Freude daran.

# 3 Haltungen und Gesten

Einzelne Motive, Gefühle und Bewegungen des Textes
in den Körperausdruck nehmen

**Beschreibung der Methode**

Da Bibeltexte voller Erfahrungen von Menschen sind, geben sie in unzählig vielen Formen (Körper-)Ausdruck von Haltungen von Menschen wider. Zahlreiche Gesten, Innendimensionen zeigen sich im Ausdruck, wenn Menschen „niederfallen" bzw. „huldigen", „zum Himmel blicken", „Brot brechen", „toben", „zittern", „sich auf ihr Antlitz nieder werfen". Haltungen entdecken wir auch in vielen Bildworten: „wie ein Baum gepflanzt sein", „wie Spreu verstreut", „die Magd des Herrn". Alles, was menschliche Erfahrungen umfasst, spiegelt sich wider in Haltungen, Gesten, Raumdimensionen. In den Ausdruck nehmen lassen sich auch Schlüsselbegriffe oder –sätze des Textes, Motive, Entwicklungen.

Die konkrete Übungsanleitung, die hilft, sich in eine Haltung einzuspüren, wird sich in der Regel in vier Phasen vollziehen:

VORBEREITUNGSPHASE

Vorbereitende Hinweise und Hilfestellungen tragen zur Konzentration und Ruhe bei und motivieren zur Übung. Die knapp zu haltenden einführenden Worte des Leiters/der Leiterin sollten gut vorbereitet sein. Je unerfahrener jemand bei der Anleitung von Körperübungen ist, um so mehr sollten die knappen Anweisungen zu Hause schriftlich vorformuliert sein. Sie sollen

> ❭ *einsichtig* machen, warum diese Übung ein Zugang zum Text ist und von der Leitung gewählt wurde;
> ❭ *motivierend* sein, also dazu animieren, die Übung mitzumachen und dabei doch in keiner Weise nötigen;
> ❭ die *Freiheit* geben, dass bei inneren Widerständen die Übung von Einzelnen ausgelassen wird und eine Alternative anbieten (z. B. sich mit geschlossenen Augen eigene Bilder machen oder Eigenes zur Sache denken);
> ❭ den Übenden *Achtung* vor der Privatsphäre der anderen Gruppenmitglieder bewusst machen (einander nicht beobachten);
> ❭ Hinweise zum *Umgang* mit den Impulsen geben (z. B. die Freiheit der Teilnehmer/innen, nur Anregungen aufzunehmen, die ihnen selbst hilfreich sind oder die Anweisungen als Impulse zu verstehen und durch Eigenes zu ergänzen) und schließlich
> ❭ *ankündigen*, ob die gefundene Haltung vor den anderen gezeigt werden soll oder nur zur privaten Übung ist.

Die Einführung zur Übung muss in den obigen Punkten knapp und präzise sein, so dass sich die Gruppenmitglieder im Umgang bzw. Mitmachen sicher fühlen. Wenn die Hinweise zu lang(atmig) sind, können sich vorhandene Ängste verstärken („Wenn das so kompliziert ist und man so vieles bedenken muss, dann traue ich mich nicht, dann kann ich das nicht.") oder die schon vorhandene Motivation (der Entschluss „Ich mache mit. Ich habe Lust drauf") verliert an Kraft und Entschiedenheit, weil die Aufmerksamkeit zum großen Teil für die Hinführung investiert wird. Bewährt haben sich knappe Hinweise, wie z. B. folgende: „Die Haltung, die N. N. (Petrus) hier im Text einnimmt, können wir sehr gut in einer Übung in ihren verschiedenen Dimensionen erspüren und herausarbeiten. Dazu suchen wir uns gleich einen Platz im Raum, an dem wir in Reichweite unserer Hände rund um uns genügend Platz haben, ohne jemand anderen zu beeinträchtigen. Ich bitte Sie, bei der Übung die Augen zu schließen, um die Haltung intensiver wahrzunehmen, mit unseren inneren Augen, unserem Innengespür und damit wir einander nicht beobachten. Diejenigen, denen es schwer fällt, die Übung mit geschlossenen Augen mit zu vollziehen, bitte ich, den Blick vor sich hinzusenken, damit wir einander nicht beobachten und jede/r gut bei sich sein kann. Die Impulse, die ich gebe, sollen nur eine Hilfe sein. Wenn sie Ihnen nicht dienlich sind, bleiben Sie beim vorigen oder ersetzen sie durch Eigenes. Wenn Ihnen etwas nicht entspricht oder schwer geht, gehen Sie gut mit sich um. Keine Erkenntnis und Erfahrung lässt sich heute und hier erzwingen. Nehmen Sie die Übung als Chance."

EXPERIMENTIERPHASE

Die Teilnehmer/innen werden dazu angeregt, die Haltung, den Ausdruck, die Geste, die Bewegung aus dem Text, die erspürt, erfahren, tiefer verstanden werden soll, einzunehmen. Dabei werden sie ermuntert, ruhig erst Verschiedenes auszuprobieren, bis sie eine Haltung gefunden haben, die ihnen als stimmigste erscheint. Ganz wichtig dabei ist, dass dies die Einzelnen unbeobachtet von einander tun können. Diese Phase entfällt, wenn die Haltung eine vorgegebene Form haben soll.

PHASE DES AUSDRUCK-HALTENS

Wenn der Korperausdruck gefunden ist, ist es wichtig, ihn eine Zeit lang zu halten und dabei mit ganz wachen Sinnen wahrzunehmen, wie er sich anfühlt, was man daran erkennen kann, welche Begriffe oder Deuteworte sich vielleicht damit verbinden. Bei spannungsreichen Motiven oder Haltungen ist es manchmal gut, die Teilnehmer/innen daran zu erinnern, dabei weiterzuatmen (und sich nicht zu verkrampfen), dass sie, wenn ihnen eine Haltung zu anstrengend wird, sie lösen und (mehrfach) neu aufbauen können.

Bei eher Ungeübten hilft auch oft ein Hinweis, worauf sie achten können: Wie spüre ich den Rücken? Welches Wort kommt mir dazu? Was erfahre ich über die innere Einstellung oder Welt, die hinter dieser Haltung steht? Was verbinde ich damit? Was wird mir daran deutlich? Mit der Art der Frage(n) wählt die Leitung den Aspekt bzw. die Ebene (z. B. Gefühls- oder Verstandesebene), unter dem bzw. der die Haltung betrachtet werden soll.

Am Schluss gibt der/die Anleitende eine Anregung, wie die Übung beendet werden kann und regt dazu an, aus der Haltung herauszutreten und sie abzuschütteln. Es ist unbedingt darauf zu achten, dass Teilnehmer/innen sich nicht in einer Rolle verlieren, sondern in ihr Selbst zurückkommen.

REFLEXIONSPHASE

Was nun erlebt ist, muss noch lange nichts verändern. Aber was wir einzuordnen und zu deuten verstehen, was sich uns in seinen Zusammenhängen und Bedeutungen erschließt, bringt uns in der Regel weiter. So sollte eine Übung immer mit einer Reflexion des Erlebten abschließen. Hilfreiche Fragen der Leitung werden möglichst verschiedene Erkenntniswege berücksichtigen (analytische und intuitive) und verschiedene Ebenen ansprechen:

> Was habe ich als Wichtigstes an der Haltung wahrgenommen?
> Wie habe ich mich dabei erfahren/gefühlt?
> Was ist mir dabei an verschiedenen Dimensionen und Zusammenhängen aufgegangen?
> Welche Aspekte habe ich wahrgenommen?
> Wohin führt diese Haltung von meinem Gespür her?
> Was verstehe ich nun vom Geschehen im Bibeltext?

**Wozu dient die Methode?**

Ein Körperausdruck – ob Haltung, Geste oder Bewegung – stellt Verhalten und Inneres immer als konkrete, sichtbare Form in den Raum. Die Gestalt, die hierin ein sonst flüchtiger Gedanke oder eine sonst oft verschwommene Vorstellung eines Gefühls, Motivs oder eines Aspekts annimmt, hilft uns, uns damit auseinander zu setzen. Gerade auch mit bedrohlichen Gefühlen wie Ängsten kann leichter umgegangen werden, wenn sie konkret betrachtet werden und in (Worten und) Gesten aussagbar sind. Sie können einen nicht mehr so leicht „überfallen" wie gestaltlose Ängste. Und am Konkreten wird sichtbar, wie wir Inhalte mit sehr verschiedenen Vorstellungen aus unserer Lebensgeschichte füllen und damit auch eigene Deutungen in die Auslegung eintragen. Haltungen bzw. Gesten können uns außerdem helfen, in kurzer Zeit sehr tiefe Gefühle oder Erkenntnisse zu gewinnen. Oft bringen sie Neues zu Tage, weil sie auf vielfältige Weise von verschiedenen Sinnen wahrgenommen werden und so einseitige Verstandeserkenntnisse ergänzen. Und auch der analytische Verstand nimmt dann Zusammenhänge wahr, die er vorher einfach nicht bemerkt hat.

## Mögliche Gefahren und Grenzen der Methode

Körperübungen sind etwas sehr Persönliches. Sie brauchen eine grundsätzliche Offenheit und Bereitschaft der Gruppe dafür. Dass einzelne oft ein leichtes Unbehagen begleitet, ist manchmal der Fall. Solange sie mehr Neugier als Angst spüren, stimmt es für die Mehrheit. Der Empfehlungssatz von Ruth Cohn für die Themenzentrierte Interaktion in Gruppen: „Geh einen Schritt mit deiner Angst" gilt für die meisten gesunden Menschen.

Entscheidend ist, den Teilnehmer/innen Sicherheit zu geben, dass sie nicht (willkürlich) manipuliert und (als „Versuchskaninchen") benutzt werden und dass sie nicht anschließend gezwungen werden, irgendwelche Offenbarungen des Innersten machen zu *müssen*. So brauchen Anleitungen sorgfältige Vorbereitung und reifliche Überlegung, ob die Übung für einen vertieften Zugang geeignet und gegebenenfalls notwendig ist. Und man sollte selbst davon überzeugt sein und die Anleitung nicht einfach von jemandem übernehmen, der oder die sie schon einmal mit gutem Erfolg durchgeführt hat.

Ist in einer Gruppe sehr viel Widerstand gegen eine Körperarbeit spürbar, ist zu überlegen, die Übung durch einen anderen Zugang zu ersetzen, weil sonst entweder sehr viel von der Energie schon in die Ebnung des Weges verwendet werden muss oder im Widerstand während der Übung gebunden wird. Dann ist eine Übung wenig wirksam.

Zu bedenken ist schließlich, dass jeder Körperausdruck (wie auch im letzten jede andere Auslegung) unsere eigene heutige *Interpretation* eines Geschehens von damals ist. Wir können damit nicht das Damals wiedererwecken. Nach meiner Erfahrung hilft es aber oft, etwas vom Damals besser zu verstehen (z. B. Zusammenhänge, Prozesse).

## Praxisbeispiele
### „PHARISÄER UND ZÖLLNER", LK 18,9-14

Bei der Erarbeitung des Gleichnisses vom Pharisäer und Zöllner habe ich mit den Teilnehmer(inne)n schon mehrmals den Zugang über die Körperhaltung gesucht. In der früheren religiösen Erziehung waren Pharisäer und Zöllner Typen für Haltungen im Gebet. Oft sind so Vorurteile bei Gruppenmitgliedern da. Man „weiß", wie eine Pharisäerhaltung und wie eine Zöllnerhaltung ist. Gern hat man in der Regel keine davon, allerdings ist der Zöllner, der im Gleichnis so gut wegkommt, vielen sympathischer. Eine Haltungsübung kann am Anfang einer Bibelarbeit gut tun, wenn Vorprägungen im Urteil da sind und diese durch die Übung sichtbar gemacht werden. Sie kann auch nach einer Texterschließung den Abschluss oder die Vertiefung einer Bibelarbeit bilden, wenn die Teilnehmer/innen dazu motiviert werden sollen, sich die Grundhaltungen des Gleichnisses noch einmal vor Augen zu stellen.

*Die Übung:* Die Teilnehmer/innen verteilen sich im Raum. Sie schließen die Augen und nehmen die Konzentration nach innen. Sie sagen sich innerlich „Pharisäer" (das Wort kann auch wie mit einer inneren Stimme immer wieder wiederholt werden) und lassen in sich durch Bilder oder inneres Gespür die Haltung, die sich für sie mit dem Wort (bzw. der biblischen Gestalt) verbindet, sich entwickeln. Dann können sie anfangen, diese in den Ausdruck zu nehmen. Dabei kann es hilfreich sein, zuerst das eine oder andere zu versuchen und die Haltung so lange zu verändern, bis sie für die Einzelnen gut ausdrückt, was in ihnen da ist. Und manchmal ist es sinnvoll, von Kopf bis Fuß die Form nach und nach anzunehmen, dass sie stark wird im Ausdruck. Die Gruppenmitglieder behalten sodann eine Weile die Gestalt, die sie geformt haben, bei. Dabei versuchen sie zu erspüren, was für eine Haltung das ist – körperlich und geistig –, was sie aussagt (wenn sie sprechen könnte) und wie die zugehörige Figur vielleicht sprechen würde. Welche Beziehung zu Mitmenschen drückt sie aus? Dann lösen sie sich aus der Haltung wieder heraus. Sofort anschließend erfolgt die gleiche Übung mit dem Wort „Zöllner". (Anmerkung: Hier wird nicht die konkrete geschichtliche Rolle der Gruppe der Pharisäer oder Zöllner zur Zeit Jesu erarbeitet, sondern die Bilder, die in Teilnehmer(inne)n leben oder das Bild, das der Bibeltext wiedergibt.)

In vielen Gruppen ist es möglich, dass die einen oder anderen Gruppenmitglieder an dieser Stelle auf Einladung des Leiters/der Leiterin ihre beiden Haltungen zeigen, so dass ganz verschiedene Aspekte des Themas in den Raum gestellt werden, z. B.: „von sich selbst überzeugt sein"; „andere abwerten"; „,wissen', wie alles zu sein hat". In der gemeinsamen Reflexion der Haltungsübung werden die Merkmale des Zutage-Getretenen zusammengestellt.

Falls anschließend eine Textarbeit stattfindet, kann nun am Text überprüft werden, welche Hinweise sich für die innere Haltung des Pharisäers und Zöllners ergeben: Der Pharisäer „stellt sich hin" und spricht, aber nur in Abgrenzung von anderen Menschen und konkret vom Zöllner („nicht so wie") und im Übrigen nur von sich selbst bis auf das Anfangswort „Gott", das seine Rede als Gebet ausweist. (Vom Volumen des Gebetes her nimmt Gott den geringsten Raum ein, die Mitmenschen etwas mehr, – aber nur in Abgrenzung bzw. Abwertung – und den größten Raum er selbst – viermal das „Ich"). Der Zöllner, der nicht wagt, ein Auge zu erheben, schlägt gegen sich selbst (sehr eingegrenzte Haltung, zunächst in sich selbst gebunden), betet nur kurz: Gott, sei mir Sünder gnädig. Das bedeutet: außer der Anrede besteht sein Anliegen nur darin, dass Gott an ihm handeln möge, also aller Raum bleibt Gott.

Wenn Jesus das Gleichnis Menschen in „selbstgerechter" „Pharisäer"-Haltung (Lk 18,9) erzählt, dass sie von jenem Zöllner lernen können, so ist es sinnvoll, sich nach der Textarbeit beide Haltungen des Textes noch einmal vor

Augen zu halten. Deshalb kann dann eine Haltung eingenommen werden, die dem Gebet der beiden und den Anteilen darin (siehe oben) entspricht.

### PSALM 51

Auch bei Psalm 51 lohnt es sich, die beiden Psalmteile V. 1-11 und V. 12-19 (V. 20f ist ein späterer Zusatz) in Haltungen wiederzugeben, weil ihnen zwei sehr unterschiedliche zugrunde liegen, die beim Beten allein nicht wahrgenommen werden. Die Grobgliederung zeigt uns in übersichtlicher Weise, wie jeder der beiden Hauptteile durch ein Motiv bestimmt ist, durch eine Klammer verbunden ist.

*Gliederung von Psalm 51*

| | |
|---|---|
| V. 2-3 | Einleitung |
| V. 3b-11b | Befreiung von Sünde<br>*Klammer: „Lösche aus meine Schuld" (V 3 und 11b)*<br>Jubel als Zeichen der Zuwendung Jahwes (V 10b) |
| V. 12-19 | Erneuerung, Neuschaffung<br>*Klammer: „Herz" und „Geist" (V 12a und 19)*<br>Jubel als Zeichen der Zuwendung Jahwes (V 16a) |
| [V 20 f. | Anhang aus späterer Zeit: Erneuerung des Zion] |

*Im ersten Teil* geht es um die Gestalt des Beters, die er in seiner Schuldhaftigkeit einnimmt. Wörter, die hilfreich sein können, seine Haltung zu erspüren und in den Ausdruck zu nehmen: „gegen" sich und Gott, fühlt sich schmutzig, kann nicht im Angesicht Gottes leben.

*Im zweiten Teil* geht es um die Erneuerung aus der Mitte heraus, von „Herz und Geist" her. Wörter aus dem Text, die helfen, jene Haltung wiederzugeben, könnten sein: Erschaffen, im Angesicht Gottes, ausgerüstet mit Geist, froh, befreit, jubeln, geöffnete Lippen, sich zeigen, wie man ist – auch die Zerschlagenheit und Zerbrochenheit, ohne verachtet zu werden.

Wenn beide Teile jeweils in den Körperausdruck genommen werden, kann gut die Entwicklung im Psalm erspürt werden, was einerseits Schuld und was andererseits Vergebung Gottes bewirkt.

### JAKOB BEIM NÄCHTLICHEN KAMPF
### MIT DEM UNBEKANNTEN, GEN 32,23-33

Manchmal ist es sinnvoll, einen Satz, dessen tieferer Sinn erarbeitet werden soll, in den Ausdruck zu nehmen, insofern er eine Haltung widergibt. Oft sieht und spürt man dabei deutlich, was der Satz an Botschaft freigibt.

Zum Beispiel ist es überraschend, dass Jakob beim nächtlichen Kampf mit dem Unbekannten (Gen 32,23-33) trotz dauerhafter Schädigung sagt: „Ich lasse dich nicht, es sei denn, du segnest mich." Dieser Satz in seinen Aspekten kann als Haltung des Jakob gut in einer Körperhaltung erschlossen werden.

### JOHANNES DER TÄUFER: „SEHT, DAS LAMM GOTTES", JOH 1,35

Genauso lässt sich in der Haltung der Satz Johannes des Täufers vor der Jüngerberufung Jesu viel besser verstehen. Mit dem Blick auf Jesus gerichtet steht er da und sagt: „Seht, das Lamm Gottes", (Joh 1,35). Diese Haltung bringt mehreres zu Tage: Er, dessen Wirksamkeit aufhört, steht, während Jesus, dessen Wirksamkeit beginnt, herumgeht. Er ist auf Jesus ausgerichtet, hat ihn im Blick. Und er ist einer, der andere auf ihn verweist, damit sie auf ihn sehen („Seht...") und er kennt Jesu gewaltsames Schicksal (das er ja auch mit Jesus teilt).

### WEITERE BEISPIELE

Oft ist es schon hilfreich, allein die eine oder andere Geste zu erproben, sie eine Zeit lang einzunehmen und sich für das, was sie ausdrückt zu öffnen, z. B. „komm und sieh" (Joh 1,46), „tritt nicht näher" (Ex 3,4), „er nahm (das Brot), blickte zum Himmel auf, dankte, brach ... und gab ihnen" (Mk 6,42).

# 4 Geste und Wort

Eine Haltung oder Geste aus dem Text wiedergegeben
und in einem Wort deuten

### Beschreibung der Methode

Die Methode baut auf der vorhergehenden auf. Es wird in der gleichen Weise eine Haltung oder Geste aus dem Text wiedergegeben. Wenn aber die Haltung eingenommen ist, wird sie mit Gesprochenem verbunden. Das kann ein zur Haltung gehörendes Wort aus dem Text sein (z. B. „komm und sieh"), das können freie Assoziationen sein, die den Übenden selbst in den Sinn kommen, wenn sie die Haltung einnehmen, das kann ein Gefühl sein, das nicht nur ausgedrückt, sondern auch ausgesprochen wird. Oft wird zur Geste oder Haltung ein einziges Wort dazu gestellt, das sich für die Einzelnen als Deutewort für das Gestalten anbietet, also innerlich dazugehört. z. B. gestaltet einer das Wort „Sünder" im Körperausdruck und sagt „eng" oder „bedrückt".

Die Methode vollzieht sich also zunächst in den gleichen Phasen wie in der vorausgehenden Beschreibung von „Haltungen und Gesten", nur regt die Leitung die Teilnehmer/innen dazu an, wenn sie die Haltung eingenommen haben, ein Wort laut zu sagen, das ihnen dazu kommt. Solch ein Deutewort lässt uns oft besser wahrnehmen, aus welcher Perspektive im Inneren die Haltung eingenommen wird, wie sie bewertet wird oder was sie bewirkt.

Wird dazu ein Impuls gegeben, ein in dem Bibeltext zugehöriges Bibelwort laut mit der entsprechenden Haltung im Ausdruck zu sprechen, so können die einzelnen gut hinhören, mit welcher Betonung oder Beteiligung es in ihnen lebt und wie es mit der Geste oder Haltung in Beziehung steht.

Variante: Eine gerade im Bibliodrama häufig verwendete Methode, die auch da und dort in der erfahrungsbezogenen Bibelarbeit verwendet wird, nimmt *zwei Worte* aus dem Text, die sie in zwei Haltungen oder Gesten wiedergibt. Die Anweisung kann dahin gehend sein, die zwei Worte frei zu wählen (das ist die Regel), oder zwei zu wählen, die man als kontrastreich und in Spannung zueinander empfindet.

Zwei Worte und zugehörige Gesten bauen immer einen *Spannungsbogen* auf, natürlich besonders dann, wenn man Kontraste wählt. Ansonsten bilden die zwei – miteinander in Verbindung gesetzt – eine Beziehungslinie des Textes. Andere stellen dazu ihren Spannungsbogen durch ihre zwei Worte und Gesten.

Die Teilnehmer/innen werden dazu eingeladen, ihre Worte und Gesten anderen zu präsentieren. Manchmal kann man dazu anregen, dass 2-4 Personen eine kleine *Sequenz* aus ihren jeweiligen Worten und Gesten bilden (eine oder zwei je Person): Die Einzelnen drücken mit ihren Gesten und Worten aus, was sie bewegt, die anderen lernen sie, und alle zusammen werden in eine Abfolge gebracht, die die Gruppe wählt. Die Reihenfolge muss nicht dem Text entsprechen. Die anderen sehen und hören dann andere Geschichten mit, die sie vielleicht selbst erlebt haben. Durch die Methode legen sich Teilnehmer/innen nicht gleich auf die bekannte Deutung des Textes fest. Es sind noch mehr und neue Deutungen im Raum durch ein anderes Arrangement.

### Wozu dient die Methode?

In der Bibliodrama-Arbeit wird die Methode, ein Wort aus dem Text zu wählen und mit einer Geste oder Haltung zu verbinden, häufig gewählt. Die Teilnehmer/innen finden so im Text ihre erste eigene Spur, auf die sie ihr Inneres führt. Noch beliebter aber ist im Bibliodrama ein erster Zugang zum Text mit zwei Worten, die aus dem Text gewählt werden und mit zugehörigen zwei Gesten in den Ausdruck genommen werden. Zwei erste Anbindungen an ein Motiv oder Wort sind wie Brückenpfeiler, zwischen denen sich ein Dialog ausspannen kann. Zwei Motive lassen eine Spannung aufkommen und stehen in einer Beziehung, so dass wir anfangen, uns dazwischen hin und her zu bewegen.

Wenn dagegen zwei Haltungen aus dem Bibeltext ausgedrückt werden und freie Worte dazu gesucht werden, geht es um eine Deutung des Ausdrucks und ein Verstehen des Körperausdrucks und dessen, was sich hinter ihm verbirgt. Das Deutewort hilft uns auch, noch besser in die Haltung hineinzugehen und gleichzeitig wahrzunehmen, was sich damit noch alles verbindet. Außerdem lässt es durch die Umsetzung in eigene Sprache das Geübte besser in die eigene Erinnerung aufnehmen.

### Mögliche Gefahren und Grenzen der Methode

In der Regel vertieft es die Haltungsübung, wenn Teilnehmer/innen auch laut äußern, welches Wort sich für sie mit einer bestimmten Haltung verbindet.

Vorerfahrungen und Vorurteile, die mitgesehen werden, zeigen sich. Aber es hilft auch, besser zu verstehen, was im Inneren mitgemeint, mitgespürt und mitbewegt wird. Manchmal allerdings – bei größeren Gruppen – gibt es Längen, wenn viele etwas sagen wollen. Andere können die Haltung nicht so lange bewahren, oder ihre Konzentration zuzuhören und zu sortieren, nimmt ab. Die Leitung muss bei der Übung, bei der Worte frei assoziiert werden, ein gutes Gedächtnis haben oder mitschreiben, um die Tendenz der mitgehörten Worte mit der Gruppe analysieren bzw. erarbeiten zu können.

Es ist wichtig, dass die Leitung den Einzelnen dabei hilft zu verstehen, was ihre beiden Worte und Gesten oder ihre Haltung und ihr Deutewort miteinander zu tun haben. Wenn von 2-4 Teilnehmer(inne)n kleine Sequenzen aus ihren Worten und Gesten gebildet werden, ist es gut, diese in der Gesamtgruppe nacheinander zu betrachten und zusammenzutragen, um sich zu erinnern und zu verstehen, was sie veranschaulichen. So sind neue Deutungen auch vom Textgeschehen möglich, die das bisher schon immer in einer bestimmten Richtung Gedeutete neu erschließen können. Aber viele Anleitende können eine solch komplexe Auswertung auch nicht leisten. Dann sollten sie lieber einfachere Formen wählen, die sie gut auswerten können.

## Praxisbeispiele

### DIE DREI GLEICHNISSE VOM VERLORENEN, LK 15

Die beiden Schlüsselworte „verloren" und „gefunden" in den drei Gleichnissen werden in eine Bewegung oder Haltung genommen. Wenn das Wort „verloren" in eine Bewegung oder eine Haltung geformt ist, kann der Einzelne ein Wort in sich aufsteigen lassen, das sich in ihm/ihr damit verbindet (z. B. „vergessen", „abhanden", „verlegt", „schrecklich", „aufgeregt", „unruhig").

Dann wird die Haltung „gefunden" eingenommen oder die zugehörige Bewegung aufgenommen. Und wieder kann ein Wort oder eine Wendung, die im Inneren aufsteigt, uns eine Richtung angeben (z. B. „Freude", „Erleichterung", „alles wieder beieinander", „ganz", „Mühe hat sich gelohnt")

Zum Schluss gehen die Teilnehmer/innen bewusst aus der Übung heraus.

Gemeinsam wird reflektiert, was sich von „verloren" und „gefunden" gezeigt hat im Körperausdruck und in den für die Gruppe zugehörigen Worten. Was verstehen die einzelnen von ihren eigenen Gesten und Worten im Blick auf sie selbst?

### „GESETZ", „GNADE" UND „GLAUBEN" IN GAL 2,11-21

In Gal 2,11-21 und im anschließenden Text kommen als Schlüsselbegriffe „Gesetz" und „Gnade" und „Glauben" vor. Der/die Anleitende motiviert zur Übung: Gerade bei einem Text, den die Teilnehmer/innen beim Hören als schwer zu verstehen einstufen, ist es oft gut, mit einer Körperübung bedeutungsschweren Begriffen nachzuspüren und sie konkreter in den Raum zu stellen. Die Gruppe steht verteilt im Raum. Mit geschlossenen Augen oder vor sich hinblickend, nach innen konzentriert denken die Einzelnen „Gesetz" und lassen dazu eine Geste im Körperausdruck erwachsen. Nach einer kleinen Zeit, in der die Geste oder Haltung oder Bewegung gefunden und gehalten wurde, wird dazu eingeladen, Worte laut zu sagen, die sich für die Teilnehmer/innen mit der Haltung zu „Gesetz" verbinden. Wer will, kann Geste und zugehöriges Wort den anderen vorstellen.

Dann wird das Wort „Gnade" (oder „Glauben") gedacht und formt sich in einem Körperausdruck. Wieder wird nach einer kleinen Weile Gelegenheit für ein (Deute-)Wort gegeben, das in den Gruppenmitgliedern aufsteigt. Wer will, kann Geste und Wort wieder darbieten. Durch die Vielfalt der Deuteworte wird Einseitigkeit in der Deutung vermieden. Die konkrete Gestaltung führt uns einiges vor Augen, was die Begriffe mitmeinen. Das Bibelgespräch wird dann oft konkreter und bleibt nicht so abstrakt bei den theologisch schwer gewichtigen Worten.

Außerdem lohnt es sich, die Übung sowohl zu Beginn nach einem ersten Lesen des Textes zu vollziehen als auch nach einer Textarbeit. Es kann sein, dass die Textarbeit nach der ersten Übung die Aspekte der Wortbedeutung verlagert oder erweitert. So kann bei der zweiten Übung noch anderes in den Ausdruck genommen werden.

# 5 Einen Text durchbewegen

## Die Gesamtbewegung eines Textes im Körperausdruck nachvollziehen

### Beschreibung der Methode

Beim alleinigen Hören eines Textes nehmen wir nur bestimmte Informationen zur Kenntnis, beim Skizzieren werden uns Dimensionen und Beziehungen sichtbar. Beim Durchbewegen spüren wir vor allem, was sich in Menschen und Prozessen im Textgeschehen verändert. Und da biblische Texte aufgeschrieben und überliefert sind, um uns zu bewegen, kann diese Absicht erst recht zum Ziel kommen durch Einlassen in die Bewegung. Wir nehmen wahr, wer und was sich im Text bewegt oder bewegt wird und wohin. Und wir lassen uns selbst darin bewegen. Denn Bewegungen bewirken immer etwas, zeigen immer Wirkung(en).

Der Leiter/die Leiterin liest den Text sehr langsam. Die Teilnehmer/innen stehen im Raum und vollziehen Gesten und Bewegungen des Textes im Körperausdruck nach. Oft hilft es, wenn dies mit geschlossenen Augen geschieht, damit jede/r ganz bei sich sein kann, sich nicht beobachtet oder gestört fühlt durch die Übung der anderen. Bei einem solch persönlichen Zugang muss immer auch ermöglicht werden, dass jemand die Übung nicht mit vollzieht; sei es wegen einer inneren Barriere oder weil ihr/ihm dieser Zugang nicht liegt. Die geschlossenen Augen schützen die einen und die anderen. Die Methode verlangt eine angstfreie, vertrauensvolle Atmosphäre. Am Schluss wiederholen die Übenden die ihnen wichtigste Bewegung des Textes.

Erste Beobachtungen der Teilnehmer/innen werden gleich nach dem Durchbewegen des Textes ausgetauscht. In einem zweiten Schritt werden sie systematisiert, indem die Bewegungsabfolge einer Person im Verlauf des Textes oder eines Prozesses betrachtet wird oder indem Bewegungen von verschiedenen Personen oder Vorgängen, die aufeinander folgen, in ihrer Beziehung zueinander analysiert werden. Die wichtigste Beobachtung ist, wie sich im Bewegungsgeflecht welche Eigenarten oder welche Bewegungsimpulse verdichten oder auflösen. Z. B. kann an einer Stelle eine ganz schnelle Bewegungsabfolge vorliegen, an einer anderen kann es ganz langsam vorangehen oder stillstehen. Die Bewegungen sind Hinweise (Indikatoren) dafür, wohin wir als Leser/innen bzw. Hörer/innen bewegt werden.

### Wozu dient die Methode?

Wie bei anderen Ausdrucksformen handelt es sich um ein sehr intensives, ganzheitliches Aufnehmen des Textgeschehens durch mehrere Sinne. Am intensivsten wirkt der Körperausdruck bzw. die Bewegung. Vieles vom Text wird so unmittelbar erfahr- und erspürbar, erreicht uns sehr direkt. Auch Textbeobachtungen, die sonst oft schwer zu entdecken wären, werden so vorbereitet, indem sie im Tun Gestalt annehmen. Gerade Entwicklungen von Personen und Prozessen werden bei geübtem Auswerten sehr gut sichtbar und verständlich.

Die Methode dient oft dazu, einen ersten Zugang zum Text zu bieten bei ausführlicherer Bibliodrama-Arbeit. Sie hilft, den Blick auf Beziehungen und dramatische Entwicklungen zu lenken und diese zu deuten, wenn sie als ein Zugang vorangestellt wird.

Sie wirkt einseitig verkopften Erkenntnisprozessen in Bibelarbeiten entgegen und ermöglicht ganzheitliche Erkenntnisse, die aus verschiedenen Zugängen gespeist werden. Davon abgesehen wird sie die ganze Aufmerksamkeit sammeln. Die Umsetzung in eine eigene Bewegung macht äußere Dinge zu unseren eigenen.

### Mögliche Gefahren und Grenzen der Methode

Bei Texten, in denen Bewegungen rasch hintereinander folgen und die handelnden Personen häufig wechseln, fällt es manchen Teilnehmer(inne)n schwer, den Text durchzubewegen. Manche können und wollen durch ihre innere Identifikation mit einer der handelnden Personen nicht den Bewegungen anderer Personen des Textes nachspüren. Sie sperren sich innerlich. Für sie ist die Perspektive, aus der sie den Bewegungen nachspüren, nur ihre eigene Empfindung. Die Methode dagegen versucht den Bewegungen des ganzen Textes – also verschiedener Personen oder Prozesse darin – nachzugehen und Entwicklungen zu erfassen. Aber bei ganzheitlichen Methoden ist das Erleben bzw. der Aspekt, dem nachgegangen werden soll, nicht einfach per Anweisung zu steuern.

Das lockere Durchbewegen lässt vielerlei wahrnehmen, dagegen lässt das stark identifikatorische Hineingehen andere Perspektiven weniger zu. Damit muss eine Gruppe dann zurechtkommen.

Eine Schwierigkeit zeigt sich oft auch darin, dass viele zwar die Bewegungen genau ausführen, aber anschließend keine Zusammenhänge darin erkennen können, wie sich z. B. Entwicklungen ergeben, worauf sie zulaufen, wie sie sich aufeinander beziehen. Aber ohne dieses analytische Wahrnehmen bringt die Übung nicht entscheidend weiter. Denn das Durchbewegen allein bewirkt zwar auch etwas, aber wenn sich Erkenntnisse damit verbinden, ist das viel wirkungsvoller für den Bezug zum Leben. Hierbei ist eine im Auswerten erfahrene Leitung von nöten.

## Praxisbeispiele

DIE KANAANÄISCHE FRAU, MT 15,21-28

Der Text wird langsam vorgelesen. Die Teilnehmer/innen, die einen Platz im Raum haben, der ihnen für die Bewegung gute Möglichkeiten bietet, bewegen sich, wo immer sie im Text eine Bewegung wahrnehmen. Kleine Pausen beim Lesen ermöglichen, dass die passenden Bewegungen gefunden werden und ihnen auch nachgespürt werden kann. Mögliche Bewegungen könnten sein:

> „Herausgegangen von dort": Die Gruppenmitglieder machen eine Bewegung des Heraustretens.

> „zog Jesus sich zurück": Eine Rückwärtsbewegung, mit der sich jemand vielleicht dazu noch auf sich selbst zurücknimmt (also z. B. auch die Arme an den Körper nimmt) verdeutlicht dies.

> „Da kam eine kanaanäische Frau ... und schrie": eine Vorwärtsbewegung und eine heftige Armbewegung können die Dringlichkeit ihres Anliegens andeuten.

> „Jesus aber antwortete ihr nicht ein Wort": Eine in sich geschlossene Haltung veranschaulicht, dass er keine einzige Angriffsfläche bietet.

> „Die Jünger traten herzu und baten": Das Herantreten wird ausgeführt und macht sichtbar, wer sich nahe steht und etwas bewirken kann.

> Der nächste Satz kann zweierlei bedeuten: „Entlasse sie, weil sie hinter uns herschreit." (dann wäre eine Bewegung des Wegschickens damit verbunden) oder „Befrei sie von ihrer Sorge ..." (dann wäre eine bittende Geste damit verbunden im Sinn von: Mach schnell, dann sind wir sie wieder los.") Die Leitung muss sich für eine Variante entscheiden. Wenn sie beide ins Spiel bringt, wird es für das Durchbewegen schwierig.

> „Ich bin nur zu den verlorenen Schafen des Hauses Israel gesandt": Die Bewegung der Arme und Hände weist auf ein Gebiet außerhalb. Jesu Handlungsfeld ist nicht hier im Gegenüber. Die Haltung ist nicht mehr in sich geschlossen, sie ist offener, aber nicht fürs Gegenüber, sondern als Verweis auf etwas Fernes.

> „Die Frau kam, fiel vor ihm (huldigend) nieder": Die Bewegung drückt Näherkommen aus und das Sich ganz-klein-Machen, Sich-zu-Boden-Werfen vor jemand Höherem. Sie gibt dem Gegenüber allen Raum und alle Größe und wird unten am Boden ganz Bitte.

> „Herr hilf mir". Die Bitte wird in einer bittenden Geste ausgedrückt.

> „Es ist nicht gut, das Brot ... zu nehmen und hinzuwerfen ...": Die Wiedergabe des Textes geschieht in einer Bewegung, mit der etwas vom Tisch genommen wird und mit einer Wegwerfbewegung nach unten endet. Das Oben – Unten des Textes kommt so zum Ausdruck.

> „Ja (doch), Herr, denn auch ... von den Brotresten die vom Tisch ihrer Herren fallen": die Bewegung ist eine, die etwas vom Boden aufhebt. Der Frau genügt, was abfällt. Das bringt die Geste zum Ausdruck.

> „Frau, dein Glaube ist groß": Die Bewegung könnte von unten, von *ihrem* Ansatz her, nach oben führen, „groß" werden, so wie Jesus ihren Glauben wahrnimmt (der bei ihrer Demut, ganz unten anfängt und festhält, wo immer sich etwas bietet).

> „Die Tochter geheilt": Eine Bewegung, die Entfaltung ausdrückt und Bewusstheit, schließt die Bewegungsfolge ab.

Es ist leicht zu beobachten, wie einerseits Jesu Bewegung immer offener wird und immer mehr Raum gibt, und wie sich andererseits die Frau vom „Hinter-ihm-Her" zum Gegenüber entwickelt, das alles aufnimmt, was jetzt abfällt.

### JAKOBS TRAUM VON DER HIMMELSTREPPE, GEN 28,11-22

Der Text ist voller Bewegungsbilder, die hier nicht einzeln beschrieben werden, weil sie anhand des Bibeltextes leicht durchbewegt werden können.

Einige wichtige Bewegungen, die heraustreten:

> das Auf und Ab der Boten Gottes: die lebendige Bewegung zwischen Jakob und dem Himmel;

> die Zeitdimensionen: ausgehend von den Vätern bis zur Vervielfältigung in den zahlreichen Nachkommen;

> die Raumdimension: Ausbreiten nach allen Himmelsrichtungen; das „Haus Gottes".

*Zusammenfassend:* Die Ausweitung dessen, der flieht und gerade gar nichts hat, geschieht also in einer Weitung von Zeit und Raum. Das Behütende, Beschützende, Begleitende, das Jakob umgibt, ist gut wahrzunehmen.

Das Aufrichten seiner selbst und des Steinmals wird zum Symbol für sein Inneres, das in dieser Traum-Erfahrung aufgerichtet wurde.

# 6 Langsamer Bewegungsablauf – „slow motion"

Eine entscheidende Entwicklung im Text
durch verlangsamte Bewegung nachvollziehen

### Beschreibung der Methode

Von Filmen her kennen wir es gut, dass in wichtigen Momenten eine slow motion, eine Verlangsamung des Ablaufs bis auf Zeitlupentempo, als Ausdrucksmittel verwendet wird. Die letzten Momente vor einer Katastrophe, ein Gefühlsmoment von hoher Dichte, die Schönheit einer Bewegung (eines Menschen oder Tieres oder des Wassers) können intensiv verfolgt werden. Die Verlangsamung lässt das sich in Wirklichkeit schnell und im Augenblick Vollziehende länger auskosten, besser aufnehmen und wahrnehmen.

So können wir auch dort, wo sich in Bibeltexten Entwicklungen vollziehen, durch einen langsamen Bewegungsablauf den Prozess besser nachvollziehen und verstehen. Geringe Bewegungen bzw. Haltungsänderungen können wir von unserer Kapazität an Aufmerksamkeit her gut im Auge behalten. So verstehen wir eine Wandlung und es wird uns oft „einsichtig", warum sie sich gerade so entfaltet.

#### ABLAUF DER SLOW MOTION

> Vorbereitende Hinweise zum Warum und Wozu und Wie der Übung,
> Finden der Ausgangsgeste oder -haltung,
> Bewegungsablauf,
> Reflexion.

Es ist gut, sich für das Ausdrücken der Ausgangshaltung genug Zeit zu nehmen, ebenso für die Endhaltung, zu welcher der langsame Bewegungsablauf führt. So merken wir uns gut das Woher und Wohin des Prozesses. Manchmal hilft auch eine Zeitangabe für den Bewegungsablauf (z. B. 1-2 Minuten), damit einerseits nicht zu schnell vorangegangen wird und andererseits Unsichere wissen, wieviel Zeit sie haben. Oft aber reicht die Anweisung „so langsam wie möglich, in Zeitlupenbewegung" für die Durchführung der Übung.

#### BESONDERHEITEN BEI DER SLOW MOTION

Da der Bewegungsablauf komplex ist, geben Hinweise den Übenden Sicherheit und Hilfe bei der Wahrnehmung. Anregungen, worauf sie achten können:

> das Körpergeschehen (Spannungen, Formen, Grenzen, Beziehungen von Körperteilen...) beobachten;
> Gefühle benennen;
> der Eigenart von Bewegungen nachspüren (Kenne ich das von irgend-

**115**

wo her? Was ist das für eine Bewegung? Wo setzt sie an, wo führt sie hin?)

> Deutungen des Geschehens, die in ihnen bei der Übung aufsteigen, sich einprägen (Was lösen also die Bewegungen für Deutemodelle in uns aus?)

Sehr bewährt hat sich auch, dass die Übung von den Teilnehmer(inne)n mehrere Male *wiederholt* wird. Zum einen werden sie dadurch sicherer, zum anderen prägt sich ein Ablauf ein und ergänzende Beobachtungen kommen hinzu. Mit je neuen Fragestellungen für jede Ausführung kommen die Übenden immer tiefer in den Prozess hinein.

## DURCHFÜHRUNGSHINWEISE

Ein erstes Mal vollziehen die Gruppenmitglieder nur ganz aufmerksam den Bewegungsablauf. Ein zweites Mal nehmen sie wahr, wo überall im Körper sie Auswirkungen spüren und welcher Art diese sind (evtl. auch laut aussprechen). Ein drittes Mal spüren sie nach, welche Assoziationen und Gefühle dazu da sind und benennen sie. Die Worte, die in ihnen dazu aufsteigen, lassen sie kommen, ohne zu überwachen, ob sie passen.

Gute Erfahrungen habe ich in meinen Gruppen auch damit gemacht, eine Bewegung, die von einem Extrem oder Spannungsfeld in ein anderes führt, *vor- und zurückführen* zu lassen. Der Bewegungsablauf wird von einer Haltung zu einer anderen vollzogen und dann in umgekehrter Richtung durchgeführt. Wie wird die eine, wie die andere Entwicklung erfahren? Am Schluss der Übung empfiehlt es sich häufig, die für die Einzelnen wichtigste Haltung noch einmal einzunehmen und sich einzuprägen, oder noch einmal die ganze Aufmerksamkeit darauf zu verwenden, was sie dem/derjenigen zu sagen hat. Oft bezieht sich diese Haltung auf einen bedeutsamen Übergang, einen kritischen Punkt der Entwicklung oder auf eine besondere eigene Betroffenheit aus der Lebensgeschichte. Auch hier ist es wieder unerlässlich, die Gruppe zum bewussten Heraustreten aus der Übungshaltung aufzufordern.

### Wozu dient die Methode?

Vor allem wo sich tiefgreifende Wandlungen vollziehen, wo ein Gefühl oder eine Bewegung kippt, wo sich Entwicklungen aus großen Gegensätzen anbahnen, ist es sehr dienlich, sich den Prozess in Form eines verlangsamten Bewegungsablaufs bewusst zu machen. Da wir in Augenblicken, in denen wir gefühlsmäßig sehr betroffen sind, dem Geschehen oft einfach nur ausgesetzt sind, kann ein langsames Nachvollziehen den Prozess besser verständlich machen. Wo eine Entwicklung dramatisch verläuft, verstehen wir besser, was vorgeht, wenn wir die einzelnen Schritte ganz langsam nacheinander ablaufen lassen. Manchmal können wir so auch eine wohltuende Bewegung auskosten. Es ist immer wieder überraschend, was sich über die Eigenarten eines Prozesses erkennen lässt, wenn die Bewegung verlangsamt nachvollzogen wird. Dazu ist die Koordination beider Gehirnhälften erforderlich. Aus diesem Zusammenwirken ergeben sich umfassendere Einsichten als allein über die Textanalyse.

### Mögliche Gefahren und Grenzen der Methode

Es ist wesentlich anspruchsvoller, Prozesse wahrzunehmen und zu verstehen als Einzelhaltungen oder -gesten. So sind die meisten Menschen sehr ungeübt darin, sie zum einen selbst zu vollziehen und noch mehr, sie auch zu deuten. Also braucht es am Anfang Geduld und Einfachheit bei der Übung. Strahlt die Leitung Unsicherheit aus (Kann ich euch das zutrauen? Kann ich das gut genug anleiten?), dann wird es schwer. Der/die Anleitende sollte sich auch gut überlegen, auf welche Weise die Reflexion des Tuns geschehen soll, denn ohne Einsichten, die aus der Körperübung gewonnen werden, hat jene wenig Nutzen. Die Auswertung des Ablaufs bedarf also einer Strukturierung, die immer tiefer führt, z. B. vom Äußeren zum Inneren, vom Wahrnehmen zur Deutung. Ansonsten erleben Teilnehmer/innen Prozesse, die in ihnen zwar etwas auslösen, aber die sie nicht in Beziehung setzen können zu sich und ihren bisherigen Erfahrungen oder zum biblischen Text. Nicht ganz einfach ist es auch, die Übenden zu einer Haltung zwischen Lockerheit und hoher Konzentration anzuregen. Sie ist am wirkungsvollsten. „Gemachte" und gezwungene Bewegungen, die man sich so vorstellt und die oft aus „Kopfgeburten" entstehen („So muss das sein!"), sind auf ihre Weise genauso wenig ergiebig wie ganz unkonzentrierte („Machen wir halt mal."). Die Bewegung soll sich aus dem Inneren vollziehen und dabei bewusst einfach nur wahrgenommen werden. Dann ist sie am effektivsten. Gerade wegen des manchmal krampfhaften Vollzugs („Ich weiß, so ist es und ich will es so.") ist die Wiederholung der Übung auch ein Weg heraus, weil die Übenden zunehmend gelöster werden.

### Praxisbeispiele

#### GLEICHNIS VOM PHARISÄER UND ZÖLLNER, LK 18,9-14

Gerade die oben im Kapitel „Bewegungselemente – Grundübungen" dargestellten Haltungen eignen sich sehr auch für einen verlangsamten Bewegungsablauf nach einer Herausarbeitung der Akzente des Textes anhand einer Textarbeit. Jesus lädt in Lk 18,9 diejenigen, die selbstgerecht sind und andere verachten, zur Haltungsänderung ein. Dazu beginnt er im Gleichnis mit dem Blick auf ihre eigene Haltung im Bild des Pharisäers und lenkt dann wie mit einer Kamera das Augenmerk auf den Zöllner, zuerst lange auf seine äußere Haltung, dann auf das Innere, sein Gebet. Und er bleibt dort in der Bewegung stehen, das heißt, die in der Rahmenhandlung angesprochenen Hörer mit ihrer Fehlhaltung sollen sich dorthin bewegen und ihre Haltung verändern.

Die Übung beginnt mit dem Finden der Haltung „Pharisäer" und „Zöllner". In einem weiteren Schritt aber werden die Teilnehmer/innen nun dazu angeregt, die Pharisäerhaltung noch einmal einzunehmen und sie in einer slow motion, im Zeitlupentempo so langsam wie möglich in die Zöllnerhaltung zu verändern. Mehrmals vollziehen sie die Bewegung vom einen zum anderen, hin und zurück: Sie können aufmerksam wahrnehmen: Wie entsteht aus Pharisäerhaltung Zöllnerhaltung und umgekehrt? Was muss sich an der Haltung bzw. dem Verhalten ändern? Was verstehen wir davon, was sich in uns vollzieht, wenn wir oft unmerklich von einer in die andere hinübergleiten? Was müssen die von Jesus Angesprochenen, die andere verachten und nur auf die eigene Gerechtigkeit achten, ändern? Das anschließende Auswertungsgespräch wird viele Aspekte zutage fördern. Gerade hier eignen sich die ganz kleinen Bewegungen, die aus der einen die andere Haltung erwachsen lassen, sehr gut zum Überschauen der Prozesse.

### DIE HEILUNG DER ERSTARRTEN HAND, MK 3,1-6

Bei der Erzählung von der Heilung der erstarrten Hand, lassen sich sehr gut Entwicklungen in den Personen(gruppen) über die slow motion nachvollziehen. Die *Gruppe der „Pharisäer"* beobachtet zunächst, um zu verklagen, schweigt dann zu Jesu provozierender Frage und zu seinem anstößigen Tun und geht dann hinaus, um sich mit den Herodianern zu verbinden, um ihn zu vernichten. Der Prozess kann gut in einem Bewegungsablauf, der die Phasen des Verhaltens in den Ausdruck nimmt, erfasst und reflektiert werden: Das distanzierte Beobachten stellt noch eine (zwar reduzierte) Beziehung dar. Das Schweigen macht deutlich, dass sie sich nach außen verschließen und sich nach innen zurückziehen. Im Hinausgehen entziehen sie sich ganz jeglicher (verbindender) Beziehung. Und das Vernichten ist die Folge. Sie erwächst nach und nach aus dem Beobachten, das verklagen will, dem eine Haltung der Kontrolle zugrunde liegt. Der andere soll sich ihrem Wollen unterordnen bzw. zuordnen; sonst hat er keinen Platz. Es wird sehr deutlich, wie wenig eigener Raum hier dem Mitmenschen zugestanden wird, nämlich keiner. Wenn er sich nicht dem Tonangebenden unterordnet, wird er eliminiert. (Das Erschreckenste hier ist, dass es um „Gottes willen" geschieht, um Gott einen Dienst zu erweisen. Das lässt ahnen: was nicht „um des Menschen willen" geschieht, ist im wörtlichsten Sinn unmenschlich und nicht Gottes Interesse.).

Die Teilnehmer/innen können nicht nur wahrnehmen, was sich bei den „Pharisäern" in der Haltung verändert, sondern auch erspüren, was sich dahinter vollzieht. Beim mehrfachen Wiederholen ist es empfehlenswert, wenn sie nachspüren, aus welchen (positiven) Anliegen heraus sich die Entwicklung so vollzieht. Oder alternativ: wenn sie aufmerksam zu verstehen versuchen, warum sie in genau diese „Handlungslawine" hineingeraten.

Die Auswertung erfolgt gleich im Anschluss nach dem Heraustreten aus der Rolle bzw. Übung nach folgenden Gesichtspunkten:

> Was fiel mir zum Bewegungsablauf auf?
> Was habe ich körperlich wahrgenommen?
> Welche Assoziationen waren während des Bewegungsablaufs da? Welche Gefühle?
> Was verstehe ich jetzt von dem Ablauf des biblischen Geschehens?
> Was hat Einfluss auf diese Entwicklung gehabt?
> Was ahne ich, was diese Gruppe von Menschen bewegt hat, was ihr Anliegen war?

Nun wird in einer slow motion der *Entwicklung des Menschen mit der erstarrten Hand* nachgespürt: Im Text finden wir dazu: „Da war ... mit einer erstarrten Hand", „richtet" sich nach Jesu Aufforderung „auf", nimmt die Mitte ein und streckt dann nach seinem Wort die Hand aus, die wiederhergestellt wird.

Die Gruppenmitglieder erkennen, dass der Mensch von außen nach innen kommt, dass er in die Mitte, in die Aufmerksamkeit und das Spannungsfeld aller mit seinem Handicap gestellt wird und den Handlungsraum ausweiten kann („ausstrecken"). Auch sind ähnliche Impulse wie bei der vorigen Übung hilfreich. Die Auswertung erfolgt zu den gleichen Fragen.

Als letztes wird der *Bewegungsablauf von Jesus* während des Geschehens in Mk 3,1-6 in den Ausdruck genommen: Im Gegensatz zu den Pharisäern, die zum Schluss „hinausgehen", beginnt es bei ihm mit dem „Hineingehen". Dann spricht er den gehandicapten Menschen an und gibt ihm den Platz in der Mitte, des weiteren spricht er mit einer Entscheidungsfrage die Beobachtenden an. Die Übenden finden einen Ausdruck für „Leben retten" und „Leben töten" (z. B. eine Hand weist nach oben, eine nach unten). Sein ringsum schweifender Blick, der aggressiv („zornig") und depressiv („traurig") zugleich ist, endet bei dem Menschen, dem er die Handlungsmöglichkeit wiedergibt.

Bei Jesus fällt am Bewegungsablauf auf, dass er hineingeht, nicht nur äußerlich, sondern auch im Prozess, dass er mit allen Beziehung aufnimmt, sie zur Bewegung bringt, den behinderten Menschen zur Entfaltung, die Beobachtenden zur Entscheidung. Und er zeigt seine Gefühle, seine Spannung in ihm: Angriff (Zorn) und Hilflosigkeit oder Rückzug (Trauer). Am Schluss steht die machtvolle Anweisung, die Hand auszustrecken, also sich zu entfalten.

Auch hier ist eine Wiederholung nützlich zum besseren Erfassen des Geschehens. Eine Reflexion beschließt nach dem Heraustreten aus der Haltung auch hier die Übung.

# 7 | Ritualisierte Bewegungen

**Motive eines Textes durch eine wiederholte Bewegungsfolge weiterschwingen lassen**

### Beschreibung der Methode

Für Menschen, die sich gerne ausdrücken und in der Bewegung erfahren, ist es angenehm, sich einem Motiv aus dem Text in einer ritualisierten Form zu öffnen. Durch die wiederholte Bewegungsabfolge kommt immer mehr ein Einschwingen in das Motiv zum Tragen. Man kann sich der Bewegung hingeben, ohne sie je neu schaffen zu müssen oder zu überlegen. Stimmungsmäßig passende Musik unterstützt das Sich-einlassen auf das Motiv sehr gut. Zu klären bleibt noch, was hier unter „Motiv" verstanden wird. „Motive" können Begriffe, Bilder oder Wendungen sein, die unsere Assoziationen an ein bestimmtes Thema wecken und ihre Bedeutung dadurch haben, dass sie in einer Reihe von Texten vorkommen. In der Regel sind sie mit anderen Bedeutungskomplexen verbunden. Motive sind zum Beispiel die Barmherzigkeit Gottes, das gewaltsame Geschick der Propheten, das Kreuz als Heilsweg.

Der/die Leitende wählt meist für die Übung das zentrale Motiv eines Textes aus, um den inhaltlichen Schwerpunkt tiefer zu erarbeiten. Oder es soll ein schweres, gewichtiges Motiv in seiner ganzen Bedeutung durch die Körperübung nachempfunden werden. Manchmal aber erschließt sich gerade auch ein schwer zugängliches, schwer verstehbares Motiv (z. B. Rechtfertigung aus dem Glauben) durch den Körperausdruck, dadurch, dass es äußerlich bewegt wird und sich mehr und mehr zeigt, auch innerlich. Das Außen wirkt immer auch nach innen.

Eine erste Form, wie ein Motiv sich in einer ritualisierten Bewegung entfalten kann, ist die auf *geführte Weise.* Das bedeutet, dass der/die Anleitende die Bewegungsabfolge beschreibt und vorführt und zur Nachahmung der Bewegung einlädt. Je nach Motiv und Zielrichtung der Übung kann es auch zweckmäßig sein, sie zu zweit oder mehreren auszuführen. Mehrfach wird die Bewegungsabfolge wiederholt; evtl. auch zu passender Musik oder begleitet von einem (biblischen) Satz.

Statt dieser vorgegebenen Weise kann die Leitung die Teilnehmer/innen dazu ermuntern, selbst eine Geste, Haltung oder Bewegung für das Motiv zu finden. Die Gruppenmitglieder zeigen (auf freiwilliger Basis) ihren Ausdruck einander und bringen die *verschiedenen Formen in eine Abfolge.* Diese entstehende Bewegungsabfolge ist nur dieser Gruppe in dieser Bibelarbeit zu eigen. Durch die Wiederholung und durch eine damit verbundene innere Haltung kann sie zum Ritus werden.

Intensiv wird die Einübung eines Motivs auch, wenn einfach nacheinander verschiedene Realisierungen des Motivs in den Ausdruck genommen werden (z. B. fliehen als Wegrennen, als Verstecken, als „Sich-verdrücken", als Zurückschauen, als Wegsehen, als...). Auch daraus kann eine kleine Bewegungssequenz (bzw. -abfolge) entwickelt werden.

Alle beschriebenen Formen wirken durch das innere gefühlsmäßige Sich-Öffnen in der Bewegung. Es kommt nicht so sehr auf das verstandesmäßige Erfassen bestimmter Abläufe oder Zusammenhänge an, sondern auf die Wirkung, die sich durch das Mittun einstellt. Häufig ist die Übung begleitet von Gefühlen, manchmal von Ergriffensein, oft auch von innerer Annahme. Manchmal stellen sich dabei auch innere Erkenntnisse ein, weil jede äußere Form Anschaulichkeit beinhaltet, und diese lässt uns dann innere Zusammenhänge sehen.

Gerade bei dieser Methode bedarf es mehr als bei anderen Methoden der praktischen Beispiele, an denen geübt werden kann (siehe dazu unten).

**Wozu dient die Methode?**
Wenn wir ein Motiv in einer Bewegungs- oder Gestenabfolge vergegenwärtigen, dann

> ❯ öffnen wir uns für ein Thema ganzheitlich, dass etwas in uns bewirkt werden kann;
> ❯ prägen wir uns Bilder und Formen der Realisierung ein;
> ❯ entdecken wir Eigenarten und Besonderheiten eines Motivs und auch Schlüsselbegriffs;
> ❯ schwingen wir uns ein auf ein Motiv, das sich uns durch die Wiederholung immer mehr mitteilt in seiner Eigenart und sich mehr und mehr in seiner Bedeutung mitteilen kann;
> ❯ gehen wir ganzheitlich hinein in ein Thema oder in eine Form und bleiben in der gleichbleibenden Bewegung, damit sie das Bleibende freigeben kann;
> ❯ lassen wir das Innere so teilhaben, dass durch die Bewegung Erinnerungen in uns geweckt werden können, die mit dem Thema zusammenhängen. So kann ein Dialog in uns entstehen zwischen unseren eigenen Erfahrungen und denen des Textes.

Ritualisierte Bewegungen, vor allem zur Musik, sind meist leicht genug, dass nach wenigen Wiederholungen des Bewegungsablaufs nicht mehr überlegt werden muss, wie die Abfolge ist. So können sich die Einzelnen der Übung ganz hingeben, zumal wenn sie eine begleitende Musik noch als stimmig empfinden.

Diese Methode empfiehlt sich deshalb als Vertiefung einer Bibelarbeit oder als Abschluss.

### Mögliche Gefahren und Grenzen der Methode

Leitung und Gruppe müssen sich bewusst sein, dass die Methode normalerweise nicht zu einer Textauslegung beiträgt. Sie ist sehr stark bei unserem eigenen Nachempfinden angesiedelt, und entsprechend subjektiv sind die Früchte, die dem einzelnen aus der Übung erwachsen. Für Menschen, die sich einlassen können, entsteht oft eine Dichte der Wahrnehmung und auch Empfindung. Manchen Menschen bereitet es Schwierigkeiten oder ist es sogar unerträglich, wenn sie genaue Anweisungen erhalten, wie sie eine Übung auszuführen haben, manche fühlen sich sicherer, wenn sie eine recht genaue Anleitung bekommen. Welchem der beiden Pole sich die Anleitung durch die Leitung nähert, das wird von ihr und der Gruppe abhängen, manchmal auch von der Situation, z. B. ob eine ritualisierte Form in einen Gottesdienst eingebracht wird.

### Praxisbeispiele

#### MOTIV „KREUZ"

Das Motiv „Kreuz" hat z. B. im Hymnus Phil 2,8 und in der Emmaus-Geschichte, Lk 24,20 und Joh 19, tragende Bedeutung. Die Teilnehmer/innen erhalten den Impuls, sich einen Platz im Raum zu suchen und dem Motiv „Kreuz" nachzugehen. Sie bücken sich zu Boden und formen gleichsam mit beiden Händen vor sich aufstrebend den senkrechten Kreuzesbalken in einer Bewegung bis in die äußerste Dehnung nach oben. Die Hände werden dabei im Abstand der Breite eines Balkens geführt. Die Haltung in der äußersten Ausstreckung des Körpers wird einen Moment beibehalten (dabei Atem nicht pressen oder anhalten). Dann wird die ganze Dimension des Oben – unten noch einmal erspürt, indem die Hände noch einmal im Geiste den „Balken" herabgleiten bis zum Boden. Die Übung wird wiederholt (ganz nach oben und teilweise nach unten) bis zu dem Punkt, wo im Heruntergehen von der Spitze der (vorgestellte) Kreuzungspunkt mit dem Querbalken ist. Dort gehen beide Hände auseinander bis zum Ende der Reichweite. Die Handinnenflächen weisen an den äußersten Punkten nach außen. Die Arme sind ganz gestreckt, waagrecht nach den Seiten ausgestreckt. Im Körper wird sehr stark die Spannung wahrgenommen, die die Dehnung verursacht. Nach einem Moment des Haltens (dabei den Atem wieder nicht pressen!) werden beide Hände in einer langsamen, gebundenen Bewegung wieder bis auf „Balkenbreite" vor der Brust zusammen geführt. Auch diese Bewegung wird langsam wiederholt, um sie einzuprägen und ihre Eigenarten wahrzunehmen. Dann vollziehen die einzelnen die ganze Bewegung des Kreuzes in einem Fluss, der bei allen gleich ist, aber sich zunächst noch in ihrem eigenen Tempo und Ausdruck vollzieht.

Die Gesamtbewegung: Von ganz unten nach ganz oben, herunter bis zur Brust, dort streben die Arme nach den Seiten waagrecht auseinander und dann wieder zusammen, die Bewegung wird nach ganz unten zu Ende geführt.

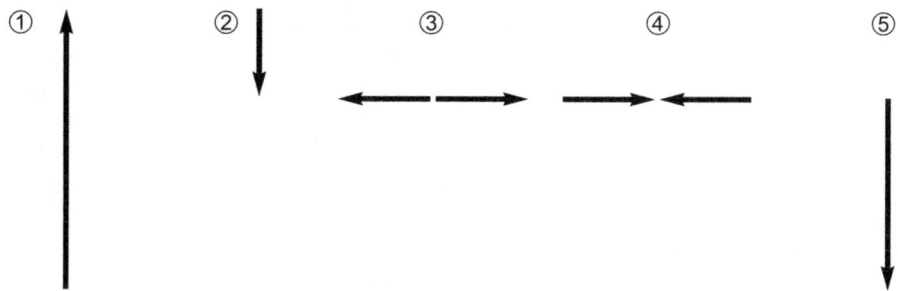

Die Gruppenmitglieder sind dann eingeladen, zu einer Musikbegleitung (getragene, klassische Musik, wie z. B. ein Largo, oder ruhige moderne Meditationsmusik) die Bewegung langsam im Raum gehend zu vollziehen und sie zunächst mit jeweils einem begegnenden Gruppenmitglied zusammen synchron auszuführen oder im Wechsel: eines beginnt mit dem „Längsbalken" von unten, eines mit dem „Querbalken" mit beiden Händen vor der Brust, so dass das Kreuz als Ganzes immer wieder von beiden gebildet, im Ausdruck entsteht.

Die Partnerübung ist vereinfacht, wenn sie mit gleichbleibendem Partner gegenüber stehend ausgeführt wird. Am Schluss kann ein Satz der Teilnehmer/innen stehen: „Kreuz ist für mich...", der reihum von denen, die möchten, gesagt wird. Oder es kann in einer kurzen Reflexion ausgetauscht werden, was den Einzelnen bei der ritualisierten Bewegung spürbar war.

Aber es kann auch wohl tun, die Übung für sich stehen zu lassen, vor allem, wenn viel Dichte zu spüren war, damit nicht tiefe Anrührungen zerredet oder „zugeklopft" werden durch Worte.

### MOTIV „KONFLIKT"

Dieses Motiv findet sich z. B. bei den sog. Galiläischen Streitgesprächen, Mk 2,13-3,6; bei der „Tempelreinigung", Mk 11,15-19; bei den Streitigkeiten in Korinth, 1 Kor 1,10ff oder 2 Kor 10ff; beim Streit von Lea und Rachel, Gen 29f.

Die Teilnehmer/innen stehen sich zuerst paarweise in einer *Widerstandsübung* gegenüber: Mit einem Ausfallschritt (in der Regel ist das rechte Bein vorne) stehen sie sich gegenüber, um eine gute Balance für den Widerstand zu haben. Dann legen sie die rechte Handfläche des nach vorne ausgestreckten Armes gegen die ihres Gegenübers. Wenn sie guten Kontakt haben, fangen sie an, gegen die Handfläche des Gegenübers zu drücken, so viel und so stark sie wollen oder können (Vorsicht bei Wirbelsäulenschäden). Dabei spüren sie, wie und wo sich ihr Körpergefühl verändert (meist spürt man in der Lendenwirbelgegend bei starker Anstrengung die Spannung oder einen Schmerz). Wenn es Gruppenmitgliedern zu viel ist, beenden sie mit einem „Stop" die Partnerübung.

Die Übung wird mit einem linken Ausfallschritt und dem linken Arm/Handfläche wiederholt (manche Menschen haben da ihre stärkere Seite). Ein kurzer Austausch der Partner/innen über ihre Erfahrungen schließt an. Die Übung kann noch in Varianten fortgesetzt werden, z. B. indem die Partner sich Rücken an Rücken stellen und dann versuchen, einander durch Rückwärtsbewegen wegzuschieben. Hier hängt es entscheidend von der Hebelwirkung ab (wer weiter unten ansetzt...), wer Erfolg hat. Es werden sich ganz andere Übende als vorher durchsetzen.

In einem weiteren Schritt gehen Teilnehmer/innen durch den Raum und nehmen Gesten des Konflikts in den Ausdruck. Es empfiehlt sich, jede mehrfach hintereinander zu vollziehen. Solche können sein: die Faust ballen oder schütteln, Wegwerfbewegungen, aggressive Angriffsgesten, Stirnrunzeln, jemand massiv entgegentreten. Dann treten sie mit Konfliktverhaltensweisen, die sie in einen Bewegungsablauf bringen, anderen im Raum, dem sie begegnen, gegenüber. Die Übung kann auch zu einer aufrüttelnden Musik geschehen (z. B. Peer Gynt oder einer elektronischen Musik). Vorsicht bei der Übung! Sie darf nicht sehr lange dauern (etwa 5 Minuten), weil sonst zu viele Erinnerungen ausgelöst werden.

Das Spielerische bleibt eher erhalten, wenn zwei oder mehrere zusammen eine gleiche Bewegung vollziehen und sie mehr im Raum „durchspielen" als an Gegnern erproben. Die stärkere Wirkung (die aber auch die Leitung begleiten können muss) erzielen beim Motiv Konflikt selbstverständlich Gegenüberübungen. Am Schluss kann wieder eine kurze Reflexion oder ein Satz stehen, worin sich ausdrückt, was sich über die Übung erschlossen hat.

### MOTIV „NACHFOLGE" (Z. B. LK 9,57-10,16; MK 8,34-38)

Die Teilnehmer/innen sind eingeladen, im Raum frei herumzugehen: ihre eigenen Wege, in ihrer eigenen Haltung, in ihrer eigenen Geschwindigkeit. Nach einiger Zeit werden sie dazu angeregt, immer für eine gewisse Zeit einem anderen zu folgen, indem sie seinem Schritt folgen und seine Haltung einnehmen. Nach einiger Zeit lösen sie sich und folgen jemand anderem. Was nehmen sie dabei wahr? Was geht gut, was weniger? Was ist schwer, was erzeugt Widerstand in ihnen? Dann versuchen sie, zu mehreren (zu zweit oder dritt) jemand zu folgen, um wahrzunehmen, was das in ihnen bewirkt. Dann gehen zwei zusammen und erproben zusammen verschiedene Formen des Nachfolgens und finden die, die ihnen am meisten entspricht. Bei dieser bleiben sie. Langsame Musik kann die Übung begleiten, wenn alle ihre Bewegung gefunden haben und bei ihr bleiben. Möglich ist auch, mehrere Formen des Nachfolgens in eine ritualisierte Bewegungsabfolge zu bringen (eine bestimmte Form mehrfach, dann eine andere mehrfach oder ein festes Muster). Am Schluss kann wieder ein Satz stehen („Nachfolge ist / bedeutet ...") oder eine Abschlussgeste.

# 8 | Lieder und Gesten
### Lieder durch Körperausdruck zur intensiveren Erfahrung werden lassen

**Beschreibung der Methode**

Viele Lieder und besonders Kanons eignen sich dazu, dass wir sie nicht nur mit der Stimme, sondern auch leibhaft in den Ausdruck nehmen. Zum einen singen wir freier, wenn wir die Hände für die Bewegung frei haben. Zum anderen wird das Erleben des Gesungenen (des Inhalts, der Melodie, der Empfindung) intensiver. Für Lieder, die zum Gesang hinzu mit Gesten ausgedrückt werden, sind einige Regeln zu beachten:

> ❭ Die Gesten müssen so einfach sein, dass man gut dabei sein kann, ohne den Ablauf zu überlegen.

> ❭ Die Gesten müssen so zum Inhalt passen, dass wir sie als ganz stimmig empfinden. Wenn für uns eine Geste nicht passt, wehren wir uns innerlich und zwingen uns vielleicht wegen der Gruppe. Dann ist Gestik schlimmer für das Innere als keine. (Oft wird von Leiterinnen irgendeine Bewegung genommen, die jede/r Teilnehmer/in kennt. Wenn aber Teilnehmer/innen nicht selbst im Ausdruck den Inhalt erkennen, fühlen sie sich „wie im Kindergarten", „unsicher", „verfügt". Sie sollen tun, was sie nicht einsehen können, die Bewegungen empfinden sie als kindisch.)

> ❭ Die Gesten müssen vom Ablauf her weiterführen zur nächsten Form. Es soll nicht eine Aneinanderreihung beliebiger Gesten sein, die nebeneinander stehen, sondern im Idealfall fließt die eine in die andere bzw. die nächste erwächst aus der letzten.

Im Folgenden stelle ich Praxisbeispiele zu überwiegend gängigen Kanons vor.

**Praxisbeispiele**

AUSGANG UND EINGANG

Ausgang und Ein-gang, Anfang und En-de lie-gen bei dir, Herr, füll du uns die Hän-de!

Harmoniefolge: C Dm$^6$ / F$^6$ C //

Text und Melodie: Jochen Schwarz
(c) beim Autor

### III. ZUGÄNGE DURCH KÖRPERARBEIT

*Gestik*

❯ Die Hände sind vor der Brust übereinandergelegt.

❯ „Ausgang": die rechte Hand beschreibt einen Bogen nach außen.

❯ „und Eingang": die linke Hand beschreibt einen Bogen nach außen.

❯ „Anfang und Ende liegen bei dir, Herr": beide Hände langsam im Bogen über Kopf nach oben führen, bis sie sich oben gegeneinander legen.

❯ „Füll du uns die Hände": die Hände öffnen sich zu einer Schale, die langsam heruntergeführt wird zum Herzen oder zur Körpermitte.

VOM AUFGANG DER SONNE

Text: Psalm 113,3 – Kanon: Paul Ernst Ruppel 1937
aus: Paul Ernst Ruppel "Kleine Fische"
(c) Möseler Verlag, Wolfenbüttel und Zürich

Notensatz: © tvd-Verlag Düsseldorf, aus: Mein Kanonbuch, 1986

*Gestik*

❯ „Vom Aufgang der Sonne": die Arme strecken sich nach der linken Seite aus.

❯ „bis zu ihrem Niedergang": sie werden im Bogen (wie die Sonne auf einer Himmelsbahn) auf die rechte Seite geführt.

❯ „sei gelobet der Name des Herrn": sie bewegen sich mit den Handflächen nach oben langsam auf die Mitte zu und öffnen sich nach oben.

❯ „sei gelobet der Name des Herrn": eine der beiden Hände wird aufgerichtet, mit der Handinnenfläche den anderen zugewandt gezeigt als Symbol für Gottes Zuwendung und Wesen (in seinem Namen „Ich bin da für euch").

GOTTES WORT IST WIE LICHT

Text: Pfarrer Hans-Hermann Bittger, Melodie: Kanon für zwei Stimmen, Joseph Jacobsen 1935, Textrechte: © Bistum Essen, Melodienrechte: © Rechtsnachfolger des Urhebers, Notensatz: © tvd-Verlag Düsseldorf, aus: Mein Kanonbuch, 1986

*Gestik*
Im Kreis stehend

❯ „Gottes Wort ist wie Licht in der Nacht": die Hände sind vor dem Bauch gegeneinander gelegt, sie weisen nach unten, werden dann langsam heraufbewegt und öffnen sich dabei nach beiden Seiten, bis die Unterarme und Hände auf der Tischebene nach vorne weisen (Vorstellung: nach der Nacht weitet sich das Licht langsam aus wie die Morgenröte, aber erst anfanghaft, noch nicht in ganzer Stärke).

❯ „es hat Hoffnung und Zukunft gebracht": mit dem rechten Fuß beginnend zur Kreismitte gehen: re. Fuß, li. Fuß, re. Fuß beistellen. Die Hände und Unterarme weisen nach vorne und richten uns aus (auf die „Zukunft").

❯ „es gibt Trost, es gibt Halt in Bedrängnis, Not und Ängsten": durchfassen mit den Händen, sie heben. Mit dem re. Fuß beginnend Gewicht nach rechts verlagern, dann nach links und dies wiederholen (also 2x re. und 2x li.). (Im Ausdruck ist sichtbar der Halt der Hände, und die Bedrängnis, das Hin- und Herschwingen, die Instabilität).

❯ „ist wie ein Stern in der Dunkelheit": zwei Schritte wieder nach außen gehen, re. beginnend (re. Fuß, li. Fuß), dann rechten Fuß beistellen. Beim Rückwärtsgehen die Hände noch gefasst weiter herunternehmen bis auf Tischebene, dann bildet sich von der Gestik her der „Stern" bei den Armen. Am Schluss werden die Arme gelöst zur Ausgangsposition zusammengelegt.

## DIE KREISE, DIE DAS LEBEN ZIEHT

Text und Musik: Gerhard Blessing, 88374 Hoßkirch

*Gestik*

> „Die Kreise, die das Leben zieht": die Arme bewegen sich in Kreisen auf der Tischebene vor dem Körper. Am Schluss geht ein Arm ausgestreckt nach vorne, einer nach hinten.

> „sind Spuren Gottes in der Zeit": der Arm vorne und hinten bedeuten die Zeit: hinten = Vergangenheit; vorne = Zukunft; und ich als Mensch bin im Jetzt in meinem Körper zwischen beiden. Die Hände und Arme bewegen sich nach oben bis zu aneinander gelegten Handflächen über dem Kopf (Bedeutung: die ganze Zeit – Vergangenheit, Gegenwart und Zukunft – zeugt von Gottes Spuren; die aneinander gelegten Hände sind wie ein Uhrzeiger, der auf Gott verweist).

> „und wo ein Friedensbogen blüht": die Hände öffnen sich, die Handflächen drehen sich nach den Seiten und nach außen und streichen einen möglichst großen Bogen aus, in dem wir gleichsam stehen. Am Schluss führen sie zum Herzen.

> „da wird der Himmel in uns weit": die Hände öffnen sich mit den Handinnenflächen nach oben (auf Herzebene), und die Arme breiten sich ganz groß nach den Seiten aus. Das ist zugleich wieder die Ausgangsstellung.

# 9 | Atemübungen
**Durch den Atem zu neuer Energie kommen**

Folgende Körperübungen können bei Tagesseminaren, bei denen viel gesessen wird, zwischendurch wieder fit machen und wohltuend sein. Sie eignen sich natürlich auch bei biblischen Themen zu Atem, Wind, Geist (hebr. Ruach).

### Praxisbeispiele
GEBUNDENE, AUSFÜHRLICHERE FORM –
IM MITEINANDER-TUN VON GESTEN

Die Übung lässt sehr gut wahrnehmen, wie unsere verschiedenen Innenräume mit Atem gefüllt und durchlebt werden.

Ablauf der Übung:

> Die Arme werden in Form eines runden „O" oder großen Brotes vor dem Bauch geformt.

Sie öffnen sich beim Einatmen nach den Seiten so weit wie möglich nach hinten (in die Dehnung gehen, einige Sekunden halten). Beim Ausatmen werden sie wieder in die Ausgangsstellung zurückgeführt.

> Die Hände und Arme gehen beim Einatmen diagonal auseinander und nach oben, wieder so weit wie möglich nach hinten; die Haltung wird wieder kurz beibehalten und dann im Ausatmen wieder zurückgeführt.

❯ Die Hände und Arme gehen beim Einatmen diagonal auseinander, diesmal nach unten und hinten. Die Dehnung wird kurz beibehalten, dann im Ausatmen wieder in die Ausgangsstellung geführt.

❯ Die Hände und Arme gehen beim Einatmen in einer der Diagonalrichtungen auseinander (nach unten und oben, wieder möglichst weit in die Dehnung nach hinten), und werden wieder in der Dehnung gehalten und im Ausatmen in die Ausgangsstellung zurückgeführt.

❯ wie vorher, nur die entgegengesetzte Diagonale

Die Übung wird in der ganzen Abfolge von allen Teilnehmer/innen mehrmals im Rhythmus des eigenen Atems wiederholt.

## FREIERE, KÜRZERE FORM – INNERES SPÜREN DES ATEMS

Als Übung zum Wachwerden eignet es sich, sich vornüber zu beugen und den Rumpf und die Arme hängen zu lassen, sich langsam im Einatmen aufzurichten und die Arme dabei ganz nach oben zu nehmen und im Ausatmen schneller oder weniger schnell wieder nach unten „zusammenzuklappen". Einige Male in eigenem Rhythmus wiederholen (evtl. auch mit Laut). Danach richten sich alle wieder ganz auf.

In einer ersten *Spür-Übung* nehmen sie den Rhythmus und die Bewegung des Atems wahr: Im Stehen (oder nötigenfalls im Sitzen) spüren sie hin auf ihren Atem, wie er kommt und geht, von selbst:

❭ das Einatmen und die Ausdehnung dabei,
❭ der kurze Moment des Stillstands, wenn wir ganz eingeatmet haben,
❭ das Ausatmen, das Verströmen,
❭ der kurze Ruhezustand bis zum nächsten Einatmen.

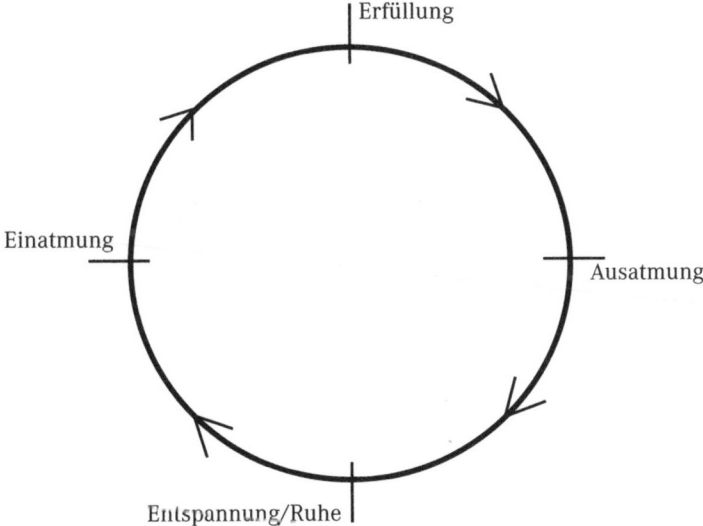

In einem zweiten Schritt kann dem Aufmerksamkeit geschenkt werden, was der Atem alles erreicht und in uns am Leben hält und wie er uns Lebensenergie zuführt und Verbrauchtes entfernt.

Sodann kann einfach mit innerer Achtsamkeit wahrgenommen werden, wie „es" in uns atmet, wie unser Atem von selbst kommt und geht, wie in jedem und jeder so ein eigener Rhythmus des Lebens schwingt. Dies geschieht in Stille. Sie intensiviert die Übung. Wer mag, kann durch eine Hand-/Armbewegung die Bewegung des Atems ausdrücken und sie so sichtbar machen (z. B. durch eine hebende und senkende Bewegung durch die Handflächen nach oben beim Einatmen und nach unten beim Ausatmen).

### SPIRITUELLE FORM EINER ATEMÜBUNG

Nach Gen 2,7 formt Gott den Menschen aus Erde und bläst ihm dann den Lebensatem in die Nase: „So wurde der Mensch zu einem lebendigen Wesen."

Bis in unsere Zeit wurde am Atem das Leben des Menschen festgemacht (Mit einem Spiegel, den der Atem noch beschlagen konnte, prüfte man, ob jemand noch lebte). Im Atem spürte (und spürt bis heute) der Mensch, dass ihm Leben geschenkt ist. So spüren wir wie die biblischen Menschen seinerzeit in jedem Atemzug Gottes Ja zu unserem Leben.

Die Atemübung kann dies in ganz einfacher Weise aufnehmen: Wir atmen tief ein und nehmen darin Gottes „Ja" zu unserem Leben in uns auf und im Ausatmen lassen wir unser „Ja" zu seiner Lebensgabe ausströmen. Er schenkt uns durch den Atem Lebenskraft, Bewegung ..., und wir halten nichts fest, sondern im Hergeben des Ausatmens und Sich-loslassens auf ihn hin kann uns Neues, Unverbrauchtes durchströmen.

Nach einigen Malen ganz bewussten tiefen Atmens, bei denen im Einatmen an Gottes „Ja" zu uns gedacht wird und im Ausatmen an unser antwortendes „Ja" zu ihm, können wir im ganz normalen Atmen dankbar sein für Gottes Ja zu unserem Leben. Mit jedem Atemzug erinnern wir uns an Dinge, Menschen, die uns geschenkt sind, an  Leben, das uns geschenkt wird, ganz konkret. So wird der Atem zum Gleichnis.

# Schlusswort

Wir kennen diesen Nachvollzug aus dem Judentum: Glaubende sollen die Feier des Pesach so begehen, als ob sie selbst aus Ägypten ausgezogen wären. Methoden der Identifikation, der Aktualisierung, der Körperarbeit unterstützen uns dabei, uns wirklich in biblische Texte einzufühlen, uns auf sie tiefer einzulassen und sie manchmal auch so zu erleben, „als wären wir selber dabei gewesen", so dass sie sich auch heute auf je eigene Weise bewahrheiten. Darüber hinaus gewinnen wir über das Tun auch geistige Einsichten, welche die abstrakte Analyse allein nicht ermöglicht und wir entwickeln uns auf unserem Weg weiter.

*Der Weg aber ist, wie wenn man eine Landstraße baut.*
*Man schleppt Steine, man stampft sie ein, man walzt –*
*und natürlich bleibt man nicht am gleichen Fleck,*
*man kommt weiter: das ist der Weg.*

Martin Buber

Allen, denen die vorgelegten Methoden und Übungen Anregung für die eigene Bibelarbeit sind, wünsche ich ein gutes Gelingen und Gottes Geist dazu.

## Weiterführende Literatur und Kontaktadresse

A. Hecht, Zugänge zur Bibel für Gruppen, STB 15, Verlag Kath. Bibelwerk,
    Stuttgart 1993

A. Hecht, Kreatives Arbeiten mit Biblischen Figuren. Methoden, Übungen und
    Bibelarbeiten, Stuttgart 1998 (zu bestellen bei: Kath. Bibelwerk e.V. Stuttgart,
    Silberburgstraße 121, 70176 Stuttgart)

A. und D. Puttkammer, Lauter Lebeworte: Lebensbezogene Bibelarbeit,
    Grundlagen und Methoden, Neukirchen-Vlyn 1999

L. Rendle / L. Kuld / U. Heinemann u. a., Ganzheitliche Methoden im
    Religionsunterricht, Kösel-Verlag, München 1996

D. Emeis, Bibelarbeit praktisch. Orientierung – Methoden – Impulse, Freiburg 1994

E. N. Warns / H. Fallner, Bibliodrama als Prozess, Bielefeld 1994 (enthält auch
    Methodenbeschreibungen)

Methodenartikel in der Reihe „FrauenBibelArbeit", Verlag Kath. Bibelwerk Stuttgart,
    ab 1998:

> ❭ Frauenbilder, Bd. 1: A. Hecht / A. Puttkammer, Das Dreiphasen-Modell,
>     S. 70-77
> ❭ Frauenleben, Bd. 2: A. Hecht, Den Bibeltext lesen – und wie?
>     14 Möglichkeiten, den Text zu lesen, S. 92-101
> ❭ Frauenstreit, Bd. 3: M. Alber, Eine Mitte gestalten, S. 77-81
> ❭ Frauenstreit, Bd. 3: A. Hecht, Beispiele für eine Gestaltung der Mitte, S. 82-85
> ❭ Frauendinge, Bd. 4: A. Hecht, Bibelarbeit mit Symbolen, S. 81-85
> ❭ Frauengefühle, Bd. 5: C. Bundschuh-Schramm, Frauen drücken ihre Gefühle
>     aus – durch Gesten, Gebärden und Tanz, S. 81-86
> ❭ Frauengottesbilder, Bd. 6: B. D. Leicht, Zu Gott beten. Spirituelle Vertiefung
>     von Bibelarbeiten im Gebet, S. 88-91
> ❭ Frauenstärke, Bd. 7: U. Bechmann, Bibelarbeit mit Cartoons (erscheint 2001)

Wenn Sie Fragen und Anregungen haben oder an einem Seminar teilnehmen möchten,
wenden Sie sich bitte an folgende Kontaktadresse:

Anneliese Hecht
Kath. Bibelwerk e.V.
Silberburgstr. 121
70176 Stuttgart
Tel. 0711/61920-67, Fax: -77
e-mail: hecht@bibelwerk.de

**Bettina Eltrop,
Anneliese Hecht u. a.**

# Frauengottesbilder

ISBN 3-460-25286-3
Format 14,5 x 21,0 cm;
ca. 80 Seiten; kartoniert

In unserer kirchlichen Tradition ist es üblich, vorwiegend männliche Bezeichnungen für Gott zu verwenden, wie „Herr", „König" oder „Vater". Diese Begriffe sind hilfreich, doch viele Frauen spüren heute, dass sie durch ihre Einseitigkeit nicht mehr zu Befreiung, Heilung und Lebendigkeit führen. Dabei findet sich in der Bibel auch ein reicher Schatz an weiblichen Namen und Bildern für Gott. Es gilt, die Vielfalt biblischen Sprechens wiederzugewinnen. Die Praxismodelle dieses Bandes wollen dazu anregen.

Verlag Katholisches Bibelwerk GmbH Stuttgart

**Claudia Hofrichter /
Barbara Strifler (Hrsg.)**

# Firmvorbereitung mit Esprit
### Band 1: Grundlegung

ISBN 3-460-**08012**-4
Format 14,8 x 21,0 cm
192 Seiten, kartoniert

Firmvorbereitung ist ein Dauerbrenner in der katechetischen Arbeit. Die sich rasch verändernden Jugendkulturen fordern dazu auf, sich immer wieder neu auf die Jugendlichen einzustellen.
Der Band enthält Grundsatzüberlegungen zur spannungs- und reizvollen Beziehung zwischen Jugend und Kirche und beleuchtet die Firmvorbereitung aus verschiedenen Blickrichtungen.

Claudia Hofrichter, Jahrgang 1960, Dr. theol., Referentin für Gemeindekatechese am Institut für Fort- und Weiterbildung der Diözese Rottenburg-Stuttgart.

Barbara Strifler, Jahrgang 1967, Dipl.-Theologin, Pastoralreferentin in Esslingen.

Verlag Katholisches Bibelwerk GmbH Stuttgart